『맹자』 읽기

세창명저산책_016

『맹자』읽기

초판 1쇄 인쇄 2013년 10월 30일
초판 1쇄 발행 2013년 11월 5일
-
지은이 김세환
펴낸이 이방원
기획위원 원당희
편집 강윤경·김명희·안효희·조환열
디자인 손경화·박선옥
마케팅 최성수
-
펴낸곳 세창미디어
출판신고 2013년 1월 4일 제312-2013-000002호
주소 120-050 서울시 서대문구 경기대로 88 냉천빌딩 4층
전화 02-723-8660
팩스 02-720-4579
이메일 sc1992@empal.com
홈페이지 http://www.sechangpub.co.kr/
-
ISBN 978-89-5586-190-7 03140

이 도서의 국립중앙도서관 출판시도서목록(CIP)은 서지정보유통지원시스템 홈페이지(http://seoji.nl.go.kr)와
국가자료공동목록시스템(http://www.nl.go.kr/kolisnet)에서 이용하실 수 있습니다.
CIP제어번호: CIP2013021667

세창명저산책_016

『맹자』 읽기

김세환 지음

세창미디어

| 차 례 |

맹묘孟廟를 찾아서 · 9

一. 어머니 교육의 일인자 – 모교일인母教一人 · 21

二. 맹자孟子와 『맹자』서書 · 41
　1. 맹 자 · 41
　2. 『맹자』 서 · 46

三. 『맹자孟子』 일견一見 · 49
　1. 없는 것을 구하지 말고 있는 것을 구하라 · 49
　2. 빼앗지 않으면 만족하지 못한다 · 53
　3. 농사도 사람도 때가 있다 · 59
　4. 부귀와 영달은 비굴의 대가代價이다 · 65
　5. 비굴하지 않은 삶은 어디에 · 71

6. 호연지기浩然之氣를 길러라 · 76

7. 사는 것은 끊임없는 노력이다 · 82

8. 사이비를 싫어한다 · 87

9. 고난 속에 삶이 있다 · 92

10. 성장보다 상생을 도모할 때이다 · 97

11. 청소년은 풍년에 게으르고 흉년에 흉포해진다 · 102

12. 인생에서의 세 가지 즐거움 · 111

13. 학문은 나를 찾는 것이다 · 115

14. 훌륭한 사람과 벗하라 · 121

15. 욕심은 자신을 해친다 · 127

16. 세상에서 힘든 사람들 · 131

17. 노총각이나 노처녀가 없는 나라 · 136

18. 사람과의 화목이 가장 크다 · 141

19. 사람은 이래서 사람이다 · 145

20. 직업도 여러 가지이다 · 150

21. 명인은 스스로가 되는 것이다 · 155

22. 미인도 오물을 쓰면 냄새 난다 · 161

23. 결혼에는 정도正道가 있다 · 165

24. 자녀 없는 불효가 가장 크다 · 169

25. 취직에도 정도正道가 있다 · 174

26. 웅장요리를 먹으리라 · 179

27. 생계형 일자리일 수도 있다 · 184

28. 하늘의 재앙은 피할 수 있어도 자신이 지은 재앙은 피하지 못한다 · 188

29. 자기가 취하고서 술 탓을 한다 · 192

30. 공자의 집대성集大成 (1) · 197

31. 공자의 집대성 (2) · 203

자서自序 · 211

색인 · 215

맹묘孟廟를 찾아서

아침식사를 하고 있는 인솔자에게 양해를 구하고 일행들을 떠나 혼자 택시를 탔다. 곡부曲阜까지 와서 맹묘(맹자의 사당)를 보지 않으면 언제 다시 오게 될지 알 수 없는 일이다. 추성시鄒城市까지 20여km의 길이 반시간 넘게 걸린다.

차에서 내리자 깨끗하게 비질을 한 광장너머 영성문欞星門이 보인다. 이제 막 문을 연 듯 청소하는 사람들만 보이고 관람객은 나 혼자다. 오래된 나무와 비석들이 즐비한 정원은 이른 아침 공기가 상쾌하면서도 호젓했다. 곡부의 공묘孔廟라면 이 시각에도 사람들이 인산인해일 것이다. '대성전大成殿'과 '아성전亞聖殿'의 차이가 크게 느껴진다.

● 영성문: 맹묘의 정남문이다. 천자의 제천의식祭天儀式에서 먼저 영성에 제사를 지낸다 한다. 영성은 곧 문성文星인데 맹자를 이에 비유한 것이다.

송宋나라 때 공자의 45대 후손인 공도보孔道輔, 987-1040는 평소 맹자를 추앙하면서 늘 주변에 이런 말을 했다. "공자의 문하에서 맹자보다 더 큰 공을 세운 사람은 없다. 그러나 오늘날까지 제사조차 모시지 않았으니 너무도 잘못된 일이다." 그는 마침 이 일대가 속한 연주兗州(지금의 하북성과 산동성 일부)의 지부知府라는 벼슬을 받아 임관하면서 본격적으로 자신의 숙원사업에 착수했다. 관리들을 동원해서 결국 사기산四基山 기슭에서 맹자의 묘를 찾아 비석을 세웠으며, 묘 옆에

● 여기의 고목은 대부분 송·원宋·元 시기에 심었는데 현재 약 300그루 정도라 한다.

사당을 지어 제사를 모시도록 했다.

아울러 맹자의 45대 후손인 맹녕孟寧을 찾아 조정에 천거하여 맹묘의 제사를 주관하는 관직을 받게 해주었다. 맹자의 묘우廟宇는 이렇게 세워졌고 이로써 나라의 공식적인 제사가 시작되었으니 이는 맹자로부터 1300여 년 후의 일이었다.

그러나 사기산은 성안에서 너무 멀어서 제사를 올리기에 불편을 겪어야 했다. 결국 송나라 때인 1121년 이 자리에 옮

● 맹자의 제사를 올리는 사당을 아성전이라 한다.

겨 지었고 아울러 역대로 여러 차례의 중수重修와 확충을 거쳐 지금에 이르렀다. 맹묘의 중심 건물은 아성전이다.

원元나라의 문종文宗은 맹자의 위상이 단지 공자 다음이라는 의미에서 1330년 맹자를 '추국아성공鄒國亞聖公'으로 추증追贈을 했다. 이로부터 맹자는 '아성亞聖'으로 지칭하게 되었고, 아울러 유학儒學을 공자와 더불어 흔히 '공맹지도孔孟之道'로 일컬어왔다.

1451년 명明나라의 조정은 맹자의 56대손 맹희문孟希文에게

● '예문의로禮門義路'는 「만장하萬章下」의 "의는 대로大路라 하겠고 예는 대문大門이라 할 수 있다. 오직 군자만이 대로로 다니며 대문으로 출입할 수 있다(夫義, 路也. 禮, 門也. 惟君子能由是路, 出入是門也)"에서 따온 말이다. 맹부의 정문을 지나 들어오면 두 번째로 들어가게 되는 문이다.

'세습한림원오경박사世襲翰林院五經博士'의 세습관직을 주어 제사를 봉행奉行하도록 했다. 1935년에는 '아성봉사관亞聖奉祀官'으로 개칭되었고, 1990년에 75대 맹상협孟祥協 적손嫡孫이 이를 이어받아 현재에 이르고 있다.

맹묘의 서쪽 옆에는 맹부孟府가 있다. 여기에는 응당 적손이 살아야 하지만 1949년 국민당 정부가 대만으로 패퇴할 때 74대손(맹번기孟繁驥)이 대만으로 이주하면서 맹부는 빈집이 되었다. 이러한 사정은 공부孔府도 마찬가지이다. 공자의 77대 적장손嫡長孫 공덕성孔德成, 1920~2008도 공부에서 태어나 결혼식까지 올렸지만 국민당 정부를 따라 대만으로 이주하면서 공부도 빈집이 되었다. 현대의 정치적 굴곡이 성인聖人의 후예들을 이산가족으로 흩어 놓았다.

맹자의 묘지를 찾아낸 공도보孔道輔는 다시 맹자의 적장 후손을 찾았는데, 마침 멀지 않은 곳에서 45대손 맹녕이 살고 있었다. 이로써 맹묘를 관리하고 제사를 이어갈 수 있는 기반이 조성된 셈이었다. 즉 맹부의 역사는 이렇게 시작되었다.

맹녕 앞의 가계家系는 맹녕이 고택故宅을 중수重修하는 과정에서 발견되었다. 그의 부친(44대손 맹공제孟公濟)이 거란의 침입으로 피난을 가면서 족보를 벽 속에 감추었던 것이다. 다만 이 족보는 이미 오랜 시간이 경과되면서 벌레 먹고 쥐가 뜯어 상당 부분이 훼손된 상태였다. 맹녕은 다시 많은 자료를 참고하고 족인族人들의 도움을 받으면서 체계적인 『맹자세가보孟子世家譜』를 완성했다. 이로써 맹자의 후손 족보가 세상에 드러나게 된 것이다. 맹녕은 또한 '족훈族訓'을 제정하고 '가법家法'을 세워 맹씨 가족의 규범과 질서를 바로 하면서 씨족의 부흥을 꾀했다. 현재 추성시의 맹씨는 모두 맹녕의 후손이라 한다. 후손들은 이 할아버지의 이러한 큰 공덕을 추모하여 그를 맹씨의 '중흥조中興祖'로 기억한다.

맹묘는 맹자의 제사를 올리는 사당으로 지어진 것이다. 맹부의 가장 큰 임무는 바로 맹묘를 관리하고 제사를 모시는 일이다.

맹묘의 제사는 매년 중춘仲春, 중추仲秋의 상정일上丁日과 동지일冬至日에 올린다. 즉 중춘일은 음력 2월 상순上旬의 첫 '정일丁日'(일진日辰에 천간天干의 '정丁'이 오는 날), 그리고 중추일은 8월 상순의 첫 정일을 의미한다. 동지일은 맹자의 기일忌日이다.

제사는 다시 맹씨 가족의 가제家祭와 관방官方에서 주관하는 제사의 두 종류로 나뉜다. 가제는 이른 아침 아성전 앞에서 종손宗孫의 주관으로 올리며, 이어서 지방 행정수장이 주관하는 관방의 제사가 거행된다. 이 밖에 부정기적인 제사나 작은 규모의 제사들이 있다.

일반적으로 공묘孔廟라 하면 이는 삼공三孔, 즉 공묘孔廟, 공부孔府, 공림孔林을 통칭하는 것이다. 공림은 공자와 그 후손들의 묘지가 있는 곳이다. 곡부의 공묘에는 삼공이 한곳에 있기 때문에 한번에 돌아보기가 편하다.

맹묘 역시 일반적으로는 맹묘孟廟, 맹부孟府, 맹림孟林의 삼맹三孟을 통칭한다. 그러나 현재의 맹묘는 원래의 맹자 묘역에서 옮겨왔기 때문에 맹림과는 10여km 떨어져 있다. 지금은 길 중간에 공사가 있어 가기도 어렵다 한다.

그 대신 가까운 곳에 맹모림孟母林이 있어 가볼 수가 있었다. 맹자의 부모와 후손들 묘역이다. 흔히 삼공, 삼맹이라 하지만 맹묘에는 공묘에 없는 맹모림이 있어 사맹四孟이라 할 수 있겠다. 아성 맹자는 그만큼 어머니 훈육訓育의 위대함이 역대로 부각되었다.

맹모림은 추성시 북쪽 25리쯤 마안산馬鞍山 자락에 동쪽의 맹자 묘와 서로 멀리 바라보며 있다. 맹자는 평생을 어머니의 가르침을 새기며 살았고 어머니에 대한 효심도 지극하였다. 어머니의 장례에 대해서는 말도 많이 들어야 했다. 『맹자』의 「양혜왕하梁惠王下」와 「공손추하公孫丑下」편에 어머니의

● 맹모림에 있는 맹모 제당이다. 가운데 뒤로 신위神位 비석이 보인다.

장례식이 아버지보다 현저하게 후했다는 비난성의 글이 보인다. 이에 대해 맹자는 아버지 때와는 빈부의 차이가 있었다는 변명을 하지만 어쩐지 궁색하게 들린다.

역대의 조정에서도 맹모에 대한 예우는 매우 각별하였다. 원나라 1316년에 부친을 '주국공邾國公'으로, 모친을 '주국선헌부인邾國宣獻夫人'으로 추봉追封했다. 청淸나라 건륭乾隆 때는 '단범선헌부인端範宣獻夫人'으로 추봉하고, 다시 제당祭堂을 짓고 뒤에 거대한 '계성주국공단범선헌부인신위啟聖邾國公端範宣獻夫人

● 맹모 제당 뒤의 '계성주국공단범선헌부인신위' 비석이다.

神位' 비석을 세웠다.

사실 맹모의 사당은 이 외에도 추성시의 맹모 유적지마다 있어 모두 다섯 곳에서 매년 제사를 지낸다고 한다. 중국의 역사에서 이만큼 존경과 주목을 받은 여인은 아마도 없을 것이다.

곡부로 돌아가는 길에 '맹자고리孟子故里'의 방坊(동네의 문)이 보였다. 맹자의 고향이라는 뜻이다. 맹자고택孟子故宅, 맹모천

● '맹자고리', 즉 맹자의 고향이다.

孟母泉, 맹모정孟母井, 맹모지孟母池 등이 있다 하나 시간상 가볼
수가 없었다.

서둘러 공묘孔廟로 일행을 찾아갔다. 공묘의 정문에 들어
서기 전에 '금성옥진金聲玉振'이라 쓴 석방石坊을 지나게 된다.
금성옥진은 맹자가 공자의 대성大成을 음악으로 비유해서 한
말이다「만장하萬章下」. 연주는 먼저 편종으로 시작하여 옥경玉磬
으로 끝낸다고 하였다. 모든 악기의 독자적인 소리를 소성小
成이라 한다면 이러한 개별적인 악기의 소리를 모아 하나의

● 곡부 공묘 입구의 '금성옥진'을 새긴 석방

조화된 음악으로 완성시키는 것을 대성으로 비유한 것이다. 즉 공자는 옛 성현들의 소성을 대성으로 집대성한 성인이라는 의미이다.

공자의 얼굴도 보지 못한 맹자였지만 우리는 맹자를 통해 공자를 만나게 되고 맹자의 시각으로 공자를 이해하고 있는 셈이다.

20

一

어머니 교육의 일인자-모교일인母教一人

세상에 태어나는 아이에게 어머니는 절대적인 존재이다. 어머니의 몸 안에서는 물론 태어나서 적어도 1년 이상 어머니의 젖에 의존해야 한다. 어디 꼭 생명뿐인가? 아이의 희로애락이 그렇고 사고방식과 습관도 오직 어머니를 의지하며 따라간다.

이러한 어머니의 절대적인 역할에 신명을 바친 역사적인 어머니들이 있었다. 우리나라 오만원 권 지폐에 모신 신사임당申師任堂, 1504~1551도 그중의 한 분이시다.

'사임師任'은 중국 문왕文王의 어머니 태임太任 부인을 배운다는 뜻으로 지은 당호堂號이다. 태임 부인은 문왕을 임신하면서 나쁜 것을 보지 않고, 음란한 소리를 듣지 않으며, 말을 함부로 하지 않는 등의 태교胎敎를 하였는데, 이로부터 태교가 시작되었다 한다. 사임당 부인은 바로 이러한 태교를 본받아 실천하고자 한 의지를 호에 나타내었다. 이렇게 태어난 율곡栗谷 선생은 어머니의 특별한 사랑과 가르침을 평생 가슴에 새겼다. 이렇듯 어머니의 자녀교육은 아버지가 자녀의 존재를 알기도 전에 잉태와 함께 시작되었다.

모든 생물은 태양이 있기 때문에 생기生氣를 받고 생명을 유지한다. 그러나 생물에게 삶의 터는 땅이다. 태양이 없이 살 수 있는 생물은 없지만, 땅은 생물에게 훨씬 가까이 있다. 태양은 단지 먼 하늘에서 모든 생물에게 무한한 크기의 생기를 내려주지만, 땅은 모든 생물의 삶에 필요한 자잘하면서 무한한 요구를 하나하나 세심하게 충족시켜준다. 땅에는 생물이 살아가는 데 필요로 하는 모든 것이 갖추어져 있고, 아울러 모든 생물에게 아늑하면서 편안한 품을 내준다.

우리는 흔히 가부장제에서 보이는 남성의 화려한 연기에 시선을 빼앗기면서 여성의 보이지 않는 역할에 대해서는 크게 관심을 두지 않는다. 심지어는 여성 스스로도 이러한 여

● 맹모전(계성침전啟聖寢殿이라고도 함)과 필서징의 '모교일인' 비석

성 고유의 대덕大德에 대해 오히려 부정적인 시각으로 보기 일쑤다.

그러나 세상의 모든 사람은 어머니로부터 태어나고 어머니의 젖으로 자라며 어머니의 훈도로 사람이 되어간다. 이 부분에 있어서 남자의 역할이란 참으로 미미하다.

여인들 중에는 아이를 낳는 것으로 그치지 않고 훌륭한 인물로 키우기 위해 자신의 평생을 바쳐 눈물겨운 노력을 기울인 어머니들이 많다. 그중에서도 자녀교육으로 우리에게 가장 많이 알려진 사람은 역시 맹자의 어머니일 것이다.

맹묘에 있는 맹모전孟母殿 옆에 '모교일인母敎一人'이라는 네 글자를 새긴 비석이 있다. 1925년 필서징畢庶澄이 세웠다 한다. '어머니 교육의 제일인자'라는 뜻이다. 맹자의 어머니는 맹자 이상으로 존경을 받는 어머니의 표상으로 숭배되어 왔음을 나타내고 있다.

한漢나라의 유학자였던 유향劉向. B.C. 77?-B.C. 6이 104명의 여인 이야기를 적은 『열녀전列女傳』이라는 책이 있다. 모두 7편인데 6편은 훌륭한 여인들의 전기이며 나머지 1편은 재앙을 불러온 여인들을 기록했다.

맨 앞은 「모의편母儀篇」으로 훌륭한 어머니의 본보기를 보인 여인 14인의 전기가 있는데, 11번째로 맹자의 어머니가 소개되어 있다. '맹모삼천'·'맹모단기'·'맹자휴처'·'삼종지도' 등과 같은 유명한 맹모 교육의 고사故事가 여기에서 보인다. 이 『열녀전』을 바탕으로 이들 '맹모지교孟母之敎'의 고사 내용을 살펴본다.

1) 맹모삼천孟母三遷

추鄒나라 맹가孟軻의 어머니는 맹모孟母라 불렸다. 집이 묘지 근처여서 어린 맹자는 장례식을 흉내 내며 놀고 있었다. 맹모는 이곳이 아이를 데리고 살 곳이 아님을 알았다. 그래서 집을 시장 근처로 옮겼다. 이번에는 상인들의 물건 파는 소리를 흉내 내고 있었다. 맹모는 이곳도 아이를 데리고 살 곳이 아님을 알았다. 다시 이사를 하여 학교 옆으로 옮겼다. 맹자는 제기祭器를 차리고 의례儀禮의 의식을 흉내 내며 놀았다. 맹모는 이곳이 아이와 함께 살 만한 곳이라 여겨 정착했다.

맹자는 성장하면서 육예六藝를 배워 마침내 대학자大學者의 명성을 이루었다. 『열녀전·모의편』

鄒孟軻之母也, 號孟母. 其舍近墓, 孟子之少也, 嬉遊爲墓間之事, 踴躍築埋. 孟母曰: "此非吾所以居處子也." 乃去舍市傍, 其嬉戲爲賈人炫賣之事. 孟母又曰: "此非吾所以居處子也." 復徙舍學宮之傍, 其嬉遊乃設俎豆揖讓進退. 孟母曰: "眞可以居吾子矣" 遂居之. 及孟子長, 學六藝, 卒成大儒之名. 『列女傳·母儀篇』

맹모는 어린아이가 보이는 일마다 따라 흉내 내는 것을 보고 이웃이 아이의 교육에 얼마나 중요한가를 깨달은 것이다. 아이에게 좋은 환경을 만들어주기 위해 두 번씩이나 이사를 마다하지 않았다. 여기에서 '삼三'이라는 숫자는 정확한 실수實數를 의미하는 것이 아니고, 단지 '여러 차례'라는 복수의 의미로 보아야 한다. 사실은 두 번이지만 '여러 번'으로 다소 과장된 표현이다. 학교 근처로 이사 온 후에 맹자는 공부하는 사람들을 보게 되었고 학교와 그들에게 관심을 갖게 되었다.

아들을 위한 맹모의 정성은 태교로부터 시작하여 아이를 키우면서 말 한마디까지도 진지하고 신중하였다.

맹자가 어렸을 때 이웃에서 돼지를 잡는 것을 보고 어머니한테 왜 돼지를 잡느냐고 여쭈었다. 맹모는 별 생각 없이 "너 주려고"라고 대답하고서 곧 후회했다. "내가 이 아이를 임신하고서는 자리가 반듯하지 않으면 앉지 않았으며, 고기를 반듯하게 썰지 않으면 먹지도 않았던 것은 오직 아이의 태교를 위해서였다. 그런데 지금 아이가 뭔가를 알기 시작했는데 아이를 속였으니 이는 아이에게 불신不信을 가르친 것이라." 그래서 이웃에 가서 고기를 사다가 아이에게 먹였으니 거짓이 아니었음을 분명히 하고자 함이었다. 『한시외전·권구』

孟子少時, 東家殺豚. 孟子問其母曰:"東家殺豚何爲?"母曰:"欲啖汝."其母自悔而言曰:"吾懷妊是子, 席不正不坐, 割不正不食, 胎敎之也. 今適有知而欺之, 是敎之不信也."乃買東家豚肉以食之, 明不欺也. 『韓詩外傳·卷九』

맹자가 3살 때 남편을 여의고 홀로 베를 짜면서 아이를 키웠던 맹모는 고기를 살 만한 형편이 아니었지만, 아이에게 거짓말을 가르칠 수가 없어서 무심결에 뱉은 말에도 신뢰를 보여 준 것이다.

아이들은 대체로 부모를 흉내 내기 마련이다. 아이가 하는 언행을 보면 그 부모를 짐작할 수도 있다. 경제적으로 여유가 있다고 해서 아이에게 좋은 환경을 제공하는 것은 아니다. 오히려 그러한 가정은 부모가 대체로 모두 바빠서 아이는 학교와 학원을 맴돌아야 하는 경우가 많다. 아이가 잘못되면 어떤 것으로도 만회나 보상이 될 수 없지만, 바쁜 현대인은 챙길 틈도 없이 때를 놓친다.

2) 맹모단기 孟母斷機

맹자가 아직 어렸을 때, 어느 날 공부를 하다가 중도에 돌아왔다. 맹모가 베를 짜다가 "공부를 다 하고 왔느냐?"고 묻자 "집에 오고 싶어서 왔습니다"라고 답했다. 맹모는 일어나 짜던 베를 칼로 잘랐고, 맹자는 두려움에 떨며 이유를 여쭈었다. "네가 오늘 공부를 그만 두고 집에 온 것은 내가 베를 짜다가 잘라버린 것과 같다. 군자는 배움으로 이름을 얻고, 물음으로써 지식을 넓히는 것이다. 그런 후에 머물러도 편안하고 움직여도 해를 입지 않게 된다. 지금 공부를 그만 두면 노역 奴役을 벗어나지 못하고, 불행의 환난에서 떠날 수가 없을 것이다. 내가 이제까지 베를 짜서 먹고 살다가 지금 짜던 베를 잘라버리고 일을 그만 두는 것과 무엇이 다르겠느냐? 그러면 우리가 무엇을 입고 살 것이며, 어떻게 양식이 떨어지지 않게 할 수 있겠느냐? 여자가 되어 먹을 것을 만들지 않고, 남자가 되어 덕을 닦는 일에 게을러진다면 결국은 도적이나 노복 奴僕이 될 뿐이라."

맹자는 두려운 마음으로 하루 종일 쉬지 않고 공부를 하면서 자사子思를 선생님으로 받들어 마침내는 천하의 유명한 대학자가 되었다. 「열녀전·모의편」

孟子之少也, 既學而歸, 孟母方績, 問曰: "學何所至矣?"

孟子曰: "自若也." 孟母以刀斷其織. 孟子懼而問其故, 孟母曰: "子之廢學, 若吾斷斯織也. 夫君子學以立名, 問則廣知, 是以居則安寧, 動則遠害. 今而廢之, 是不免於廝役, 而無以離於禍患也. 何以異於織績而食, 中道廢而不爲, 寧能衣其夫子, 而長不乏糧食哉! 女則廢其所食, 男則墮於修德, 不爲竊盜, 則爲虜役矣." 孟子懼, 旦夕勤學不息, 師事子思, 遂成天下之名儒. 「列女傳·母儀篇」

송나라 때 지어진 것으로 알려진 『삼자경三字經』이라는 아이들을 위한 계몽교재가 있다. 처음부터 끝까지 삼자일구三字一句 형태인데, 널리 알려진 역사의 이야기를 바탕으로 도덕이나 지혜를 일깨우는 내용으로 짜여 있다. 통속적이고 외우기가 쉽게 되어 있어서 『백가성百家姓』· 『천자문千字文』· 『천가시千家詩』와 더불어 중국의 초급입문교재로 오래도록

● 맨 왼쪽의 비는 '맹모단기처孟母斷機處'라 쓰여 있다.

사용되어 왔다. 이를 합해 '삼백천천三百千千'이라고도 한다.
이 『삼자경』의 앞부분에 "옛 맹자의 어머니, 이웃을 골라 살
았네. 아들이 공부를 중단하니 베를 잘랐더라(昔孟母, 擇隣處,
子不學, 斷機杼)"라는 구절이 있다. '맹모삼천孟母三遷'과 '맹모단
기孟母斷機' 두 고사를 합한 내용이다. 따라서 이 두 고사는 중
국 사람이라면 모르는 사람이 없을 정도로 잘 알려져 있다.

맹자도 어려서는 다른 아이들과 별반 다를 것이 없었을
것이다. 그러나 하루하루 오직 맹자에게 온 정성을 기울이

는 어머니는 게으름을 보인 맹자에게 평생 잊을 수 없는 확실한 교훈을 주어야 했다. 매일 베를 짜서 생계를 유지하는 맹모에게 짜다 만 베를 칼로 끊어내는 것은 며칠의 노동을 허사로 돌리는 일이었을 것이다. 그러나 일은 밤샘을 하면서라도 할 수 있지만 아이의 잘못된 버릇은 평생 고치기 어려운 일이다. 더구나 공부는 때를 놓치면 어려워지는데 맹모에게는 베 한두 필이 문제가 아니다. 아이를 타이르는 방법은 여러 가지가 있겠지만 당시의 맹모에게 이보다 더 효과적인 방법은 없었을 것이며, 맹자에게는 평생 가슴에서 내려놓을 수 없는 충격이었을 것이다.

3) 맹자휴처孟子休妻

맹자가 결혼을 하고 나서였다. 내방內房에 들어가려는데 부인이 웃옷을 벗고 앉아 있었다. 맹자가 불쾌하여 들어가지 않았다. 부인이 맹모에게 가서 떠나겠다는 말씀을 올렸다.
"제가 듣기로는 부부의 의례는 내방에서는 거두어진다 했습니다. 오늘 제가 내방에서 홀로 예를 떠나 편하게 앉아 있었는데, 지아비가 보고서 분연히 불쾌하게 여겼으니 이는 저를 손님으로 여긴 것입니다. 여자의 도리로는 손님으로 머무를 수가 없사오니 저의 부모님께 보내주시옵소서."

맹모는 맹자를 불러 일렀다.

"예禮에 의하면 집안에 들어갈 때는 안에 누가 있는가를 물어야 하는데, 이는 안에 있는 사람한테 경의를 나타내기 위해서이다. 당堂에 오를 때에는 인기척을 내야 하는데 이는 안에 있는 사람한테 미리 알려주기 위해서이다. 방안에 들어서면 눈을 아래로 하고 사람을 바로 보지 않으니 이는 혹 그 사람의 준비가 덜 된 부분을 볼 수도 있기 때문이다. 오늘 너는 이러한 너의 예를 지키지는 않고 오히려 다른 사람한테 예가 없다 하였으니 너야말로 예를 멀리 하였구나."

맹자가 부인한테 사죄하고 떠나려는 부인을 만류하였다. 「열녀전·모의편」

孟子既娶, 將入私室, 其婦袒而在內, 孟子不悅, 遂去不入. 婦辭孟母而求去, 曰:"妾聞夫婦之道, 私室不與焉. 今者妾竊墮在室, 而夫子見妾, 勃然不悅, 是客妾也. 婦人之義, 蓋不客宿. 請歸父母. 於是孟母召孟子而謂之曰:"夫禮, 將入門, 問孰存, 所以致敬也. 將上

堂, 聲必揚, 所以戒人也. 將入戶, 視必下, 恐見人過也. 今子不察
於禮, 而責禮於人, 不亦遠乎!" 孟子謝, 遂留其婦. 『列女傳·母儀篇』

옛날에 부인들이 거처하는 곳을 규방閨房 또는 내방內房 등
이라 했는데 이는 사실상 침실이나 마찬가지이다. 오직 남
편만 접근할 수 있지만 그것도 아무렇게나 들락거리는 것이
아니고 매우 조심해서 들어가야 할 곳이었다. 옛날에도 남
자들은 여자를 배려하는 마음이 엷었던 모양이다. 맹자는
부인이 거처하는 곳에 불쑥 들어갔다가 보기 민망한 모습을
보고 오히려 화를 낸 것이다.

이에 비해 맹자 부인은 지성적이면서 품위가 있다. 함께
다투지 않고 조용히 시어머니한테 고별告別을 여쭈었다. 명
분이 뚜렷하니 태도도 단호하다. 부인의 지극히 사적私的인
공간에서 예를 갖추지 않았다고 흠을 잡았으니, 부인의 처
지에서는 남편이 자신을 손님으로 대하는 태도와 다를 것
이 없음을 지적한 것이다. 더욱이 남편은 부인이 방안에 있
는 줄 알면서도 인기척도 없이 불쑥 들어왔다. 사실 이런 태
도는 평소 부인을 가볍게 생각하고 있었음을 드러낸 것이라

할 수 있다.

바로 친정으로 돌아가겠다는 며느리의 저항에 맹모는 차분하게 억울한 며느리의 처지를 충분히 살펴 맹자에게 이해를 시켜주고, 아울러 맹자의 실례失禮를 하나하나 짚어서 깨닫게 해주면서 우아하고 감동적인 훈계를 했다. 맹자는 결국 이렇듯 훌륭한 여인들 사이에서 탄생했는지도 모를 일이다.

4) 삼종지도三從之道

맹자가 제齊나라에 있을 때 얼굴에 근심이 차 있었다. 맹모가 보고 무슨 걱정이 있느냐고 물었지만 맹자는 별일 아니라고 했다. 그런 후 어느 날 맹자가 하릴 없이 기둥을 잡고 탄식을 하고 있었다. 맹모가 보고 다시 물었다.

"전에 네 얼굴에 근심이 있었는데 별일 아니라더니 오늘 기둥을 잡고 탄식을 하니 어인 일인가?"

"제가 듣기로는 군자는 분수에 맞는 지위에 나아가되 구차한 사례를 받지 않고 명예와 봉록을 탐하지 않는다 했습니다. 제후가 듣지 않으면 더 진언進言을 하지 않으며, 듣기는 하되 써 주지 않으면 조정에 가지 않는다 했습니다. 지금 저의 말이 제나라에서 받아들여지지 않아 이곳을 떠나려 하나 어머니 께서 연로하시어 걱정이 됩니다."

"아녀자의 예란 곡식을 찧어 끼니를 만들고 술을 거르며 시부모를 봉양하고 옷을 짓는 일 정도일 뿐이라. 때문에 집안의 일이 있을 뿐 집밖의 일에 대해서는 관여하지 않는다. 『역경易經』에 이르기를 '음식을 만드는 일 말고 달리 할 일이 없노라'라고 했고, 『시경詩經』에서도 '특별한 의례가 없으니 집안의 주식酒食을 담당하는 일이라'고 했다. 이처럼 아녀자는 자신의 뜻을 내세우지 않고 단지 삼종지도를 따를 뿐이다. 그런즉 어려서는 부모를 따르고, 출가出嫁하면 지아비를 따르며, 지아비가 죽으면 자식을 따르는 것이 예이다. 지금 너는 장성했고 나는 늙었다. 네가 너의 뜻대로 하면 나는 나의 예를 따라 갈 것이다." 「열녀전·모의편」

孟子處齊, 而有憂色. 孟母見之曰: "子若有憂色, 何也?" 孟子曰: "不敏." 異日閑居, 擁楹而歎. 孟母見之曰: "鄕見子有憂色, 曰不也, 今擁楹而歎, 何也?" 孟子對曰: "軻聞之; 君子稱身而就位, 不爲苟得而受賞, 不貪榮祿. 諸侯不聽, 則不達其上. 聽而不用, 則不踐其朝." 今道不用於齊, 願行而母老, 是以憂也." 孟母曰: "夫婦人之禮, 精五飯, 羃酒漿, 養舅姑, 縫衣裳而已矣. 故有閨內之修, 而無境外之志. 易曰: '在中饋, 無攸遂.' 詩曰: '無非無儀, 惟酒食是議.' 以言婦人無擅制之義, 而有三從之道也. 故年少則從乎父母, 出嫁則從乎夫, 夫死則從乎子, 禮也. 今子成人也, 而我老矣. 子行乎子義, 吾行乎吾禮." 「列女傳·母儀篇」

맹자는 한동안 제나라에서 융숭한 대우를 받으며 왕의 정치적 자문에 응하며 머물렀다. 그러나 왕은 맹자의 말을 따르지도 않고 맹자를 등용하지도 않았다. 맹자의 처지에서는 왕을 위해 하는 일도 없으면서 대접만 받는 셈이 되었다. 이것은 맹자에게는 치욕이나 다름없었다. 맹자가 제나라를 떠날 때 왕은 예물을 주었지만 맹자는 이를 뇌물로 간주하고 돌려보냈다.

맹자는 연로한 어머니 때문에 떠나는 것을 망설이고 있는데, 어머니는 매우 명쾌하게 가닥을 잡아주셨다. 이제까지 맹자를 키운 건 어머니지만 어머니도 한 여인이며 여인은 여인의 도리가 있음을 상기시킨 것이다. '삼종지도三從之道'는 예로부터 여인의 법도였다. 어려서 부모의 뜻에 따르는 것은 남녀가 다르지 않다. 그러나 결혼을 하면 여자는 남편을 따라야 하고, 남편을 잃게 되면 아들을 따르는 것이 여인의 길이었다.

남편을 따른다는 것은 남편의 뜻을 존중한다는 의미이다. 아내가 보기에 옳지 않아도 이에 토를 달지 않는 것이 부덕婦德이었다. 그래서 부부간에는 이견異見이 있을 수 없었다. 이러한 점에서는 옛날의 가정은 1인의 독재체제처럼 보인다.

현대사회에서 둘 이상의 조직이나 사회에서 뭔가를 결정을 해야 할 때에는 대체로 과반수의 의사로 결정을 하는 다수결의 원칙을 따르고 있다. 그러나 정작 중요한 순간에는 이 원칙이 배제된다. 등산을 할 때 갑작스러운 상황이 발생하면 등산대장이 절대적인 권한으로 결정을 내린다. 배에서는 선장이 결정을 하며, 비행기에서는 기장이 결정을 한다. 이것은 '효율 우선 원칙'이라 할 수 있다. 신속한 결정이 필요할 때 가장 경험이 많고 능력이 입증된 기장이나 선장이 결정을 하도록 하는 것이다.

● 맹묘와 맹부 사이의 길에 있는 아성방亞聖坊. '아성亞聖' 두 글자 밑에 자세히 보면 봉황이 있고 다시 그 밑에는 용의 문양이 있다. 명나라 1458년경의 건축인데 매우 특이하다. 즉 황제를 상징하는 용이 황후를 상징하는 봉황보다 아래에 있는 것이다. 청나라의 자희태후慈禧太后 때는 이런 현상이 종종 보이지만 이 건물은 이보다 400년이나 앞선 것이다.

옛날의 가정은 바로 이런 효율을 중시했다고 볼 수 있다. 남자가 모든 것을 주관하는 것이 아니고, 남자는 주로 밖, 즉 대외적인 일을 주도한다. 이에 비해 여자는 집안의 일, 즉 살림과 관련된 일들을 주관한다. 여자는 밖의 일에 관여하지 않고, 남자는 집안의 일에 나서지 않는다. 때문에 가정의 대외적인 일에 대한 결정이나 판단은 남자가 하며 아울러 남자가 가장家長의 역할을 한다. 여자의 순종은 바로 이러한 남자의 대외적인 결정에 따르는 것을 의미한다.

맹모는 가족이 제나라를 떠나고 말고 하는 것은 맹자가 결정을 하도록 했다. 이것이 곧 여인이 따라야 하는 예법이었던 것이다. 그러나 이러한 가정의 의사결정 구조를 두고 남성 위주의 독재라고 볼 수는 없다. 맹자가 스스로의 예를 소홀히 했을 때 어머니는 맹자를 불러 조목조목 책망을 하면서 훈계를 했고, 맹자는 바로 부인한테 사죄를 하였다. 이것은 집안에서 서로의 권역이 달랐음을 의미하는 것으로, 여성이 모든 면에서의 무조건적인 순종을 하는 것은 아니었다는 뜻이다. 오히려 집안은 여인 천하였다고 볼 수 있다.

후세의 사람들은 맹모가 어머니로서의 도리와, 시어머니로서의 도리, 그리고 여인으로서의 예의를 완벽하게 실천한 여인의 사표師表로 숭배하였다.

二

맹자孟子와 『맹자』서書

1. 맹 자

맹자는 이름이 '가軻'이고 추鄒나라 사람이었다고 전한다.
추는 춘추시대에는 주邾나라였으며 공자의 고향인 곡부와
도 가까운 거리에 있었다.

맹자의 생졸生卒연대는 확실하지는 않지만 대체로 B.C.
372년에 태어나 B.C. 289년 84세의 나이에 작고했다고 본
다. B.C. 390년에서 305년까지 86세를 살았다는 설도 있다.
맹자는 스스로도 "공자께서 돌아가신 지 100여 년이 되었
다"고 말한 적이 있었는데 공자B.C. 551~B.C. 479와는 대략 이 정

도의 시간차가 있다.

맹자는 학업을 어느 정도 이루고 나서 여러 나라를 돌았다. 그러나 당시는 춘추의 시대가 막을 내리고 전국시대에 진입하여 세상은 새로운 혼란의 전쟁터였다.

주나라는 수도를 낙읍雒邑(지금의 낙양洛陽)으로 옮긴 이후를 동주東周, B.C. 770-B.C. 221라 부른다. 동주는 다시 춘추시기春秋時期와 전국시기戰國時期로 나뉜다. 춘추시기는 B.C. 770년에서 B.C. 476년쯤까지를 지칭하는데, 이는 공자가 지은 노魯나라의 역사서 『춘추春秋』로부터 비롯된 명칭이다. 즉 이 책에서 기술된 역사가 노나라의 은공隱公 원년元年, B.C. 722으로부터 애공哀公 14년B.C. 481까지였기 때문에 현대의 학자들이 이와 비슷하게 겹친 역사B.C. 770-B.C. 476를 편의상 '춘추시기'라 부른 것이다.

그리고 B.C. 475년부터 진秦나라가 천하를 통일하는 B.C. 221년까지를 '전국시기'라 하는데, 이는 한나라의 유향劉向이 지은 『전국책戰國策』이라는 책명에서 비롯되었다. 동주東周는 이렇게 춘추전국시대로 불리지만 실은 동주의 전반기와 후반기인 셈이다.

주나라가 엉뚱하게 춘추전국 시기로 불린 것은 주나라가 천자국天子國으로서의 위상을 잃고 대신 제후국이 강성해졌기 때문이다. 흔히 춘추오패春秋五霸라 하는데 많은 제후들의 나라 중에서 비교적 강대했던 다섯 나라, 즉 제·진·송·진·초齊·晉·宋·秦·楚나라 등이 서로 패권을 다투던 시기였다. 전국시기에 오면 제·연·한·진·초·조·위齊·燕·韓·秦·楚·趙·魏 등의 7나라가 가장 강대하여 이를 전국칠웅戰國七雄이라고도 한다.

이처럼 춘추전국 시기는 주나라의 국력이 약화되어 더 이상 천자국의 실권을 행사하지 못한 틈을 타 제후국들이 반기를 들고 엎치락뒤치락 끊임없이 싸우던 시대였다. 때문에 이 시기 500여 년은 한마디로 전쟁의 역사였다. 이 시기는 어쩌면 중국의 역사에서 가장 오랫동안 전쟁이 지속된 가장 비참한 때였다고 볼 수도 있다.

제후들은 패권의 욕심으로 전쟁을 그치지 않으니 백성들은 굶주림과 죽음이 있을 뿐이었다. 맹자는 이들을 미워했다.

땅을 빼앗으려고 전쟁을 일으켜 죽인 시체가 땅에 가득하고, 성을 빼앗으려고 전쟁을 일으켜 죽인 시체가 성안에 가득하다. 이것은 왕의 땅을 넓히기 위해 인육을 먹은 것이나 다름없으니 이들은 사형을 시켜도 모자란다. 「맹자·이루상14」

爭地以戰, 殺人盈野, 爭城以戰, 殺人盈城. 此所謂率土地而食人肉, 罪不容於死. 「孟子·離妻上14」

이러한 상황에서 맹자는 세상 사람들을 인의仁義로 일깨우고자 하였다. 아울러 군왕보다는 백성을 귀하게 여기는 인정仁政으로 살육의 전쟁을 그치고 세상의 평안을 찾아야 함을 역설했다. 그러나 이를 귀담아 듣고 시행에 옮기려는 군왕은 없었다. 공자가 그랬던 것처럼 그도 만년에 고향으로 돌아와 제자들과 공자의 학문을 넓히며 후대를 위한 저술에 힘을 썼다.

맹자는 공자의 손자인 자사子思의 학생으로부터 배웠다고 전한다. 맹자는 공자로부터 100여 년 후에 태어났지만 평생 공자를 숭배하고 공자의 가르침을 배워 익힌 직계 제자라 할 수 있다. 맹자는 자신이 공자를 계승해야 한다는 사명감으로 저술을 하였다는 것을 우회적으로 밝히며 『맹자』를 끝 맺었다.

> 공자로부터 지금까지 100여 년이니 성인(공자)의 시대로부터 오래 되지도 않았고, 성인께서 계셨던 곳 또한 이토록 가깝지만 이어가는 사람이 없으니 결국 계승하는 사람이 없음이라.
> 「맹자 · 진심하38」
> 由孔子而來로 至於今이 百有餘歲니 去聖人之世 若此其未遠也며 近聖人之居 若此其甚也로대 然而無有乎爾하니 則亦無有乎爾로다. 「孟子 · 盡心下38」

여기에는 공자가 맹자 자신으로부터 겨우 100여 년 전의 성인이며, 특히 자신이 공자의 고향에서 지근至近의 거리에 태어났음을 상기시키면서, 스스로가 공자의 적통嫡統임을 자처하는 긍지를 드러낸 것이다.

맹자는 송대宋代에 '추국공鄒國公'1083, 원대元代에 '추국아성공鄒國亞聖公'1331, 그리고 명대明代에 '지성至聖'1530으로 추존되면서 단지 공자 다음가는 성인으로 받들어졌다.

2.『맹자』서

『맹자』와『논어』의 제목은 뭔가 다른 느낌을 준다.『논어』
는 왜『공자』라 하지 않고『논어』라 했는가?『논어』는 공자
사후에 제자들이 서로의 기록이나 기억을 바탕으로 논찬論
纂한 것이다. 그래서 '논어論語'라 하였다. 그러면『맹자』는 맹
자 본인이 지었음을 암시한다고 볼 수 있다.

우리나라에서는 예로부터 송나라 주희朱熹, 1130-1200의『사
서집주四書集注』에 들어 있는『맹자집주孟子集注』를 많이 보았
다. 주희가 본『맹자』는 약 1000여 년 전 한나라의 조기趙岐,
108?-201가 주석을 한『맹자장구孟子章句』였다. 다른 사람들의
주석서도 있었다 하지만 오직 조기의 책만이 전해졌다.

조기는『맹자』의 앞에 서언과도 같은 '맹자제사孟子題辭'를
지어 맹자와 책에 대한 설명을 붙였다. 그 내용을 간략하게
줄여 옮겨본다.

맹자는 요·순堯·舜의 태평성대나 삼대(하·상·주夏·商·周)의 여
풍餘風을 진작시키지 못하고 자신의 사후死後로 사라지게 하는

46

것에 대해 죄책감을 느꼈다. 그래서 후세에 교훈을 남기고자
하였으니 제자들과 더불어 문답을 하면서 법도가 될 만한 말
들을 가려 적었다. 모두 7편 261장 34,685자로 천지를 수용하
고 만물을 헤아리며, 인의도덕仁義道德과 성명화복性命禍福을 찬
연히 드러냈다.

제왕이나 제후가 이를 따른다면 태평을 누리게 될 것이고, 사
대부士大夫가 이를 실천하면 군부君父를 받들고 충성과 신의를
세울 것이다. 곧으면서도 오만하지 않고, 굽힐 줄 알지만 굴
하지 않으니 가히 성인에 견줄 만한 아성亞聖이라 하겠다.

육경六經의 학문은 이미 선각자들의 해석이 상세하지만, 유가
儒家의 『맹자』만은 뜻이 웅대하고 깊어 드러나지 않으니 갈래
를 나누어 이해하는 것이 편하리라. 그래서 내 아는 것을 기
술하되 육경六經의 전傳을 참고하면서 장구章句로 갈라 서로 다
른 요지要旨를 드러내게 하였으니 7편이 상하로 나뉘어 14권
이 되었다. 아직 조예가 깊지 않은 초학자라면 이를 참고로
하여 의혹을 깨우칠 수 있으리라.

즉 조기에 의하면 『맹자』는 맹자의 친작親作이며, 그 내용

이 경전經典에 비길 만큼 웅대하여 초학자들이 이해하기 쉽도록 본래의 7편을 다시 요지에 따라 각 편을 상하로 나누었다는 것이다. 이렇게 해서 14권이 되었으며 이는 곧 후대 『맹자』의 통일된 체계로 자리를 잡았다.

이렇듯 조기의 『맹자장구』는 후대의 사람들에게 『맹자』의 이해를 도와준 최초의 가장 중요한 주석서가 되었다. 위의 인용문에서 『맹자』를 '육경의 학문'과는 달리 유가儒家의 저술로 구별하였지만, 한대漢代에 이미 『맹자』는 『논어』와 같은 반열에 올라 있었다. 조기는 『맹자』를 사실상 『논어』의 아류亞流로 귀속시켰고, 맹자를 공자의 다음가는 아성으로 역사에 각인시킨 사람이라 할 수 있다.

주희朱熹는 『예기禮記』에서 「대학大學」과 「중용中庸」편을 끌어내 각기 단행본으로 독립시켜 『논어』 『맹자』와 더불어 '사서四書'로 지칭했다. 『맹자』는 이러한 과정을 거치면서 송대에 '십삼경十三經'의 한 경전으로 자리 잡게 되었다.

三

『맹자孟子』 일견一見

1. 없는 것을 구하지 말고 있는 것을 구하라

맹자께서 이르시되, "구하기만 하면 얻게 되고 버리면 잃는 것이 있다. 이렇게 구해 얻으면 곧 유익한 것이 되니 나에게 있는 것을 구하기 때문이다. 구하는 데에 요령이 필요하고 얻는 데에도 운이 따라 주어야 하는 것이 있다. 이것은 구해도 무익한 것이니 나에게 없는 것을 밖에서 구하기 때문이다."

「진심상3」

맹자께서 이르시되, "만물이 모두 나에게 갖추어져 있으니 스스로를 돌아보아 성실하였으면 그보다 더한 즐거움이 없을

것이다. 나의 처지로 남을 헤아린다면 그보다 더 가까이 인仁

으로 가는 방법은 없을 것이다." 「진심상4」

孟子曰 求則得之하고 舍則失之하나니 是求는 有益於得也니 求

在我者也일새니라 求之有道하고 得之有命하니 是求는 無益於

得也로 求在外者也일새니라 「盡心上3」

孟子曰 萬物이 皆備於我矣니 反身而誠이면 樂莫大焉이요 强恕

而行이면 求仁莫近焉이니라 「盡心上4」

우리가 찾는 것을 두 가지로 나누어 말했다. 즉 하나는
내재적인 것으로 누구나 태어나면서 이미 갖고 있는 것이
며, 다른 하나는 외재적인 것으로 나 자신의 밖에서 찾는
것이다.

내재적인 것은 누구나 자신의 몸에 지니고 있으면서도 부
지불식간에 그것을 활용하지 못하거나 내다 버린다. 사람은
사람만의 고유한 품성, 즉 인의예지仁義禮智를 타고 나지만 사
람마다 이 품성의 활용정도는 모두가 다르다. 성인도 결국
은 이 품성을 극대화한 사람에 불과하다. 이것은 누구에게
나 구하면 구할수록 쉽게 확보할 수 있으며 아울러 유익한

것이 된다.

그러나 우리는 대체로 내가 갖고 있지 않은 것을 구한다. 가령 재물은 본시 나에게 없는 것이다. 우리는 재물로 즐거움을 사려 하기 때문에 다다익선이라는 생각으로 재물을 탐한다. 재물이 많으면 그만큼 즐거움을 많이 살 수 있다고 보는 것이다.

가령 어느 재벌은 식사에 수천만 원짜리 포도주를 마신다고 한다. 우리나라는 고급양주를 세계에서 가장 많이 마시는 나라다. 그러나 식사의 본질은 생명의 유지 수단에 불과한 것이다. 비싼 음식이 몸에 더 좋은 것도 아니고 즐거움을 더해 주는 것도 아니다. 하지만 비싼 음식을 위해서 이미 지불한 대가는 적다 할 수 없을 것이다. 그리고 비싼 만큼 신경이 쓰이기 때문에 편안한 식사가 되기도 힘들다. 이러한 것은 구하면 구할수록 무익한 것이 된다.

어떤 사람들은 결혼식에 수억 원을 쓴다. 결혼이란 남자와 여자가 있으면 되는 것이다. 나머지는 지극히 사소한 것들이다. 주인공은 신부와 신랑이다. 호화판의 결혼식은 사람들로 하여금 주인공보다는 오히려 예복이나 무대, 음식과 같은 중요하지 않은 것들에 주목을 하게 한다. 거추장스러운 장식들은 본인들도 자연스럽게 소화하기가 어렵다. 서로가 서로에게 만족하지 못하고 사람 외에 외연적인 이러한 요소들이 덧붙여져야 하는 결혼이라면 순수한 결혼이라고 보기도 어렵다.

우리는 내면의 세계에 소홀히 하여 절대적인 가치를 상실한다. 결혼에서 상대에게만 집중할 수 있다면, 그래서 아무런 부수적인 것들의 필요성을 느끼지 못한다면 절대적인 즐거움을 향유할 수 있을 것이다. 그리고 이것은 누구나 갖고 있는 품성으로부터 누구나 쉽게 얻을 수 있는 것이다.

거꾸로 혼수의 물량이나 결혼식의 사치에 무게를 둔다면 진정한 가치는 사라지고 상대적인 잠시의 쾌락이 눈앞을 지날 것이다. 그리고 이것은 우리에게 없는 것이며 아무나 가질 수 있는 것이 아니어서 이에는 상당한 대가를 지불해야 한다.

"만물이 모두 나에게 갖추어져 있다"는 것은 나에게 필요한 것은 내 몸에 이미 갖추어져 있다는 의미이다. 만물 중에 내 소유가 하나도 없을지라도 사실 나는 만물을 향유할 수 있는 것이다. 자연은 우리에게 먹고살 만한 먹거리를 허용한다. 그뿐만 아니라 결혼을 하여 가정을 꾸리며 한 생애를 살아가는 데 부족함 없는 조건이 누구에게나 구비되어 있다. 이 안에서는 구하면 구하는 만큼 얻으며 만족할 수 있지만, 이를 떠나 밖에서 구한다면 구할수록 힘들고 무의미한 헛수고만을 늘리게 되는 것이다.

2. 빼앗지 않으면 만족하지 못한다

맹자가 양혜왕을 보자 왕이 말했다. "천리 길을 멀다 하지 않고 찾아오셨으니 우리나라에 어떤 이익을 주시려 하십니까?" 맹자가 대답했다. "왕께서는 왜 하필 이익을 말씀하십니까? 단지 인의가 있을 뿐입니다. 왕께서 내 나라의 이익을 말하면 대부大夫도 내 집안의 이익을 말할 것이고, 선비나 평민도 내 몸의 이익을 말할 것입니다. 이렇듯 상하上下가 이익을 다투게 되면 나라가 위태로워집니다. 만승萬乘의 나라 천자天子를 시해하는 자는 반드시 천승의 나라에서 나오며, 천승의 왕을 시해하는 자는 반드시 백승의 집안에서 나옵니다. 만萬에

서 천千을 취하고, 천에서 백百을 취하는 것이 많지 않다고 할
수 없건만 의義를 뒤로 하고 이익을 앞세우면 빼앗지 않고서
는 만족할 수가 없는 것입니다.

인仁하면서 어버이를 버리는 사람은 없으며, 의義로우면서 군
왕을 뒤로 하는 사람은 없습니다. 왕은 인의를 말씀하실 뿐이
거늘 어찌 이익을 말씀하십니까?" 「양혜왕상1」

孟子 見梁惠王하신대 王曰 叟不遠千里而來하시니 亦將有以利
吾國乎잇가

孟子對曰 王은 何必曰利잇고 亦有仁義而已矣니이다 王曰 何以
利吾國고 하시면 大夫曰 何以利吾家오 하며 士庶人曰 何以利吾
身고 하니 上下交征利면 而國危矣리이다

萬乘之國에 弑其君者는 必千乘之家요 千乘之國에 弑其君者는
必百乘之家리니 萬取千焉하며 千取百焉이 不爲不多矣언마는
苟爲後義而先利면 不奪로는 不饜이니이다

未有仁而遺其親者也며 未有義而後其君者也니이다 王은 亦曰仁
義而已矣시니 何必曰利잇고 「梁惠王上1」

지금으로부터 이천 수백 년 전 맹자의 시대에도 지금이나

마찬가지로 부富를 중시했다. 전쟁이 많아서 전국시대戰國時代라 일컬어지게 되었던 당시에 부국강병은 최고 가치의 이념이었다.

위魏나라의 혜왕惠王은 누차의 전쟁에서 패하고 수도를 대량大梁(지금의 개봉시開封市)으로 옮긴 후 새로운 기회를 엿보던 참이었다. 그가 스스로를 낮추고 후한 대접을 하면서 현자賢者들을 초청한 것도 부국강병을 위한 자문을 구하기 위해서였다. 오직 전쟁에서의 승리만을 생각하는 그의 귀에 맹자의 인의가 들릴 수가 없었다. 혜왕이 죽고 그의 아들이 즉위했지만 똑같은 상황에서 할 일이 없는 맹자는 위나라를 떠났다.

사마천司馬遷은 그의 『사기史記』에서 맹자의 약전略傳을 기술하기 전에 이러한 말을 적었다.

나는 『맹자』를 보면서 첫 편의 양혜왕이 "어떻게 내 나라를 이롭게 할 것인가?"의 물음을 볼 때마다 책을 놓고 탄식을 하지 않은 적이 없다. 오호라, 이利란 바로 난세의 시작이로다. 공자께서 이利를 말씀하신 일이 거의 없는 것은 그 근원부터 방지하시고자 함이었다. 그래서 "이利를 앞세워 일을 하면 원한을 많이 산다"라 하셨던 것이다. 천자로부터 서인庶人에 이르기까지 이利를 탐하는 폐단에 어찌 다름이 있겠는가?

余讀孟子書, 至梁惠王問"何以利吾國", 未嘗不廢書而歎也. 曰: 嗟乎, 利誠亂之始也! 夫子罕言利者, 常防其原也. 故曰"放於利而行, 多怨." 自天子至於庶人, 好利之弊何以異哉!

『맹자』의 첫 구절은 우리의 가장 일반적인 병폐를 지적한 것이었다. 사마천도 이에 더할 수 없는 깊은 공감으로 맹자에 대한 기술을 하기도 전에 이례적으로 자신의 소감부터 적었다. 이어서 사마천은 지나간 역사 속에서 맹자가 혜왕에게 오직 인의만을 강조할 수밖에 없었던 상황을 매우 적나라하면서 생동하는 필치에 담았다.

『맹자』는 '이利'를 경계하고 '인의'를 왕도王道로 해야 한다는 주장으로 책을 시작하였다. 세상에서 가장 컸던 아쉬움은 무엇인가? 세상에서 가장 부족했던 부분은 무엇인가? 전국시대 약 250년B.C. 475-B.C. 221 동안 200회가 넘는 전쟁을 겪었다고 한다. 과연 누구를 위한 전쟁이며 무엇을 위한 전쟁이었나? 부족했던 것은 재정도 아니고 군대도 아니었다. 단지 인의가 실종되었을 뿐이다.

우리의 현대는 전쟁을 방불케 한다. 국제사회는 무역전쟁으로 살벌하고 핵무기의 확보를 놓고 벌이는 군비경쟁은 또 다른 현대판의 전쟁이다. 우리도 옛날의 조선朝鮮이 아니다. 갈수록 인심은 각박하고 사회는 흉흉하다. 특히 이명박 대통령 정권이 들어서면서부터 오직 경쟁의 아우성만 들리고 상생相生의 소리는 들리지 않는다. 얼마나 많은 회사가 구조조정이라는 명분으로 얼마나 많은 가장家長들을 실업자로 만들었는가? 상생의 방법은 과연 없었는가?

학교에서는 대부분의 학생들이 별 의미도 없는 지식의 잣대로 줄 세우기를 당한다. 획일적인 교육으로 학생들의 적성은 철저하게 무시되고, 학생들의 인권도 함께 유린된다. 왜 모든 국민이 똑같이 수학을 해야 하고 영어를 해야 하는가? 우리는 우리가 돈 내고 배우는 것조차 선택의 여지가 없다.

이제는 성과연봉제로 사회를 실감나는 전쟁터로 만들어 가고 있다. 경쟁은 자연의 이치이기도 하다. 그러나 어떤 동물도 같은 종끼리 서로 잡아먹는 경쟁을 하지는 않는다. 먹이사냥은 함께 하고 함께 나눈다. 그 조그마한 미물 개미까지도 수천수만 마리가 하나의 공동체를 이루며 살아간다. 우리의 성과연봉제는 잘하는 사람에게 보상을 준다기보다는 대체로 내 능력을 빙자하여 다른 사람의 몫을 강탈하는 셈법으로 만들어진다.

지금 우리는 다른 사람과 함께 살아가는 상생의 방법을 찾아야 한다. 구조조정보다는 서로의 임금을 나누면서 회사에 함께 남아야 한다. 학생들은 각자의 적성을 키워주고, 모두가 서열이 없는 절대 능력자로서의 미래를 열어주어야 한다. 천 명의 학생은 천 가지의 능력이 있다. 이를 획일적인 내용으로 서열화하는 것은 인권을 말살하는 것이며 아울러 자연의 이치에 역행하는 것이다.

우리에게 절실한 것은 단지 인의일 뿐이라는 사실은 이천수백 년 전이나 지금이나 똑같다.

그렇다면 인의란 무엇인가? '인仁'이란 마음의 덕이며 사랑의 이치이다. 사람은 태어나면서부터 부모님의 사랑을 받으며 이를 배운다. 따라서 부모님과의 사랑, 즉 효孝가 곧 인의 시작인 것이다. 효를 모르면 당연히 인을 모르며, 인을 실천하는 사람은 당연히 효를 실천한다. 그래서 "인한 사람은 어버이를 멀리하지 않는다" 한 것이다.

『논어』에서 '부모님께 효도하고 형을 받드는 일(효제孝弟)'이 인仁을 실천하는 근본이라 했다. 재벌들은 형제간에도 법정 소송을 마다하지 않고 심지어는 부모 자녀 간에도 재산을 두고 소송을 벌인다. 돈은 사람을 눈 멀게 한다. 재벌들이 재산이 없었다면 그러한 소송을 할 리가 없다. 단지 돈 때문에 사람이 바뀌는 것이다.

3. 농사도 사람도 때가 있다

농사철을 어기지 않는다면 곡식은 먹고도 남습니다. 너무 촘촘한 그물을 사용하지 않는다면 물고기도 먹고 남습니다. 나무를 베는 것도 때에 맞춘다면 재목은 쓰고도 남습니다. 곡식과 물고기가 먹고 남으며 재목이 다 쓸 수 없을 만큼 많다면 백성은 먹고 사는 일과 죽어 장례 지내는 일에 불만이 없게 될 것입니다. 이처럼 먹고 사는 일과 장례에 불만이 없게 하는 것이 왕도王道의 시작입니다.

집 주변으로 뽕나무를 심으면 오십의 나이에 비단을 입을 수 있으며, 닭, 돼지, 개 등의 짐승도 때를 가려 잡는다면 칠십의 노인이 고기를 먹을 수 있습니다. 자신의 농토에 때를 놓치지 않으면 몇몇 식구 정도는 굶지 않습니다. 학교에서 효제孝悌의 가르침을 펼친다면 반백半白의 노인이 무거운 짐을 지거나 이고 길을 가는 일은 없을 것입니다. 칠십 노인이 비단옷을 입고 고기를 먹으며, 백성이 굶거나 추위에 떠는 일이 없는데도 훌륭한 왕이 되지 않는 경우는 없습니다. 「양혜왕상3」

不違農時면 穀不可勝食也며 數촉罟를 不入洿池하면 魚鼈은 不可勝食也며 斧斤을 以時入山林이면 材木은 不可勝用也니 穀與魚鼈을 不可勝食하며 材木을 不可勝用이면 是는 使民養生喪死에 無憾也니 養生喪死에 無憾이 王道之始也니이다

五畝之宅에 樹之以桑이면 五十者가 可以衣帛矣며 鷄豚狗彘之畜을 無失其時면 七十者가 可以食肉矣며 百畝之田을 勿奪其時면 數口之家가 可以無飢矣며 謹庠序之敎하여 申之以孝悌之義면 頒白者가 不負戴於道路矣리니 七十者가 衣帛食肉하며 黎民이 不飢不寒인데 然而不王者는 未之有也니이다 「梁惠王上3」

맹자는 먹는 일이 백성에게 가장 중요한 일이라는 것을 왕에게 깨우쳐주려 했다. 이것을 해결하려면 자원을 잘 활용해야 한다.

　농경사회의 왕은 우선적으로 일 년 사시사철의 때를 파악하는 일이 중요했다. 그래서 고대로부터 천문 보는 일을 중시하고 책력을 만드는 일에 많은 공을 들였다. 정확한 때를 파악하지 못하면 농사는 어렵게 된다. 특히 농사철에 백성을 부역이나 전쟁에 동원한다면 다음 해에 백성은 굶어야 한다. 백성이 굶게 되면 왕 노릇하기도 어려운 것이다. 농사보다 더 중요한 부역이나 전쟁이란 있을 수 없는 일이다.

　곡식 외의 식량자원으로 수산물이나 가축도 매우 중요하다. 모두가 생물이기 때문에 너무 어린 것을 잡으면 머잖아 자원이 고갈될 것이다. 물고기든 가축이든 내일을 위해서 어린 것은 잡지 말아야 한다. 아울러 번식기도 살펴야 한다. 특히 가축은 번식의 때를 놓치지 말아야 한다. 이 모든 것도 결국은 왕이 살펴야 하는 일이다. 이것이 곧 왕도의 시작이기도 하다.

　먹고사는 것만이 모두는 아니다. 모든 생물은 일정한 수명을 누리면 죽게 된다. 사람에게는 죽는 일도 매우 심각하다. 이승에서의 한 생애를 마치는 종결식은 민족마다 다양하지만 중요한 것은 사람을 홀로 죽게 하지 않는다는 것이다. 즉 임종臨終을 통해 사자死者를 편안하게 보내는 문화가 있는 것이다.

백성들이 먹고 살 수 있게 하고 아울러 죽음에 대한 불안을 갖지 않도록 해준다면 인간의 가장 중요하고도 근본적인 문제를 해결하는 것이라 할 수 있다. 이것이 바로 왕이 가장 먼저 해야 할 일인 것이다.

사는 일과 죽는 일 다음으로는 사회의 질서와 조화를 유지하는 일이 왕의 중요한 사업이 된다. 지방마다 학교를 세워 청소년들의 교육을 담당하도록 하는 것이다. 부모와 자녀는 자애와 효성으로 화목한 가정을 이루고, 사회는 인의로 조화를 이루어야 나라의 평안이 유지된다. 효제孝悌와 인의는 가정과 사회의 평안과 조화를 이루는 근간根幹이라 할 수 있다. 아울러 이것은 배움으로만 가능해지는 것이다.

그렇기 때문에 옛날에는 전인교육全人敎育에 가장 큰 비중을 두었다. 십삼경+三經이라고 하는 열세 가지의 경전이 모두 그러한 내용이며, 과거시험도 대체로 이 범위를 벗어나지 않았다. 법法보다는 전인교육을 통해 아름다운 사회를 구현하고자 한 것이다.

현대는 이러한 인성교육보다는 주로 외연적인 지식을 가르친다. 매일같이 법을 제정하고 전문적인 법률가들을 배출하여 사회의 질서와 균형을 유지하려 한다. 그러나 정작 많은 사람들은 법의 불균형을 체험하면서 살아야 한다. 법은 언제나 현장에서는 느리다. 법의 제정 자체가 현실을 적절하게 반영할 만큼 빠르지도 않거니와, 법이 필요한 현장에 법이 언제나 와주는 것도 아니다.

우리의 현대사에도 합법적으로 누명을 쓰고 사형까지 받은 사람들도 적지 않으며 지금 이 순간에도 누명을 벗지 못한 합법적인 죄인도 많다. 그 반대의 경우는 더 많다. 대기업에는 확실한 업무를 알 수 없는 판검사 출신 변호사들이 즐비하다. 재벌과 법 집행기관과의 유착관계는 어제 오늘 일이 아니다. 이것이 우리 교육의 허점인 것이다.

우리나라 학교 교육의 역사는 약 2000년을 헤아린다. 고구려 소수림왕小獸林王 때372 태학太學을 세웠다는 기록이 있고,

그 후로는 학교의 역사가 단절된 적이 없이 이어졌다. 2000년 가까운 세월 동안 우리는 전인교육의 전통을 이어왔다.

그러나 현대의 교육은 제도와 내용 모두가 우리의 전통과는 전혀 관련이 없는 이질적인 배경으로부터 시작되었다. 즉 왜정시대부터 베껴 넣기 시작한 서양의 문물 지식으로 우리의 전통학문을 대체했고, 초등학교에서부터 대학까지 모두를 서양식의 학교로 바꾸었다. 현대는 무거운 짐을 지고 길을 걷는 노인이 문제가 아니고, 원만하고 화목한 가정이 줄어들고 있으며 사회는 나날이 각박하고 범죄는 늘어나고 있다는 것이 큰 문제다.

우리는 자연과의 조화를 무시하고 거꾸로 자연을 정복하려 한다. 부산에는 바닷가에 평지와 언덕을 가리지 않고 고층 아파트가 줄지어 서 있다. 바닷가의 해풍은 별로 좋은 조건이 못 된다. 더구나 언덕 위에 집이 있다면 사방의 바람에 모두 노출되어 있어 역시 좋은 조건이 아니다. 그러나 우리는 주상복합 아파트처럼 창을 밀폐 형으로 하여 외부와 차단시켜 놓고 냉·난방기를 가동한다. 우리는 갈수록 자연과 격리된 인위적인 환경을 조성한다. 그러나 아무리 발달된 문명이라도 자연환경만큼 좋은 조건을 만들어내지는 못한다.

오랜 전통은 그 세월만큼이나 오랫동안 검증된 것이다. 때를 살펴 자연과의 조화를 도모하고, 길거리에 짐을 진 노인이 없는 사회를 구현하는 것은 맹자의 시대나 지금의 시대나 똑같이 통하는 만인의 정도正道이다.

4. 부귀와 영달은 비굴의 대가代價이다

제나라의 한 사람이 부인과 첩 하나와 함께 살고 있었다. 그런데 남편은 나가면 반드시 술과 고기를 배부르게 먹고 돌아왔다. 부인이 누구와 함께 먹었냐고 물으면 매번 부귀한 사람들이었다. 부인이 첩에게 말했다. "남편이 나가면 꼭 술과 고기를 포식하고 돌아와 누구와 먹었냐고 물으면 매번 부귀한 사람들이라. 그러나 우리 집에 그렇게 영달한 사람이 온 일이 없으니, 내 오늘은 남편을 몰래 따라가 보리라." 다음날 일찍 일어나 남편이 가는 대로 따라가는데 성안을 다 돌도록 남편과 함께 얘기하는 사람이 없었다. 나중에는 동쪽 성곽 밖의 공동묘지에 가더니 성묘를 하는 사람한테 다가가서 남은 음식을 얻어먹고 있었다. 그리고 부족했던지 다시 두리번거리다가 다른 곳을 찾아가서 역시 또 얻어먹었다. 이것이 바로 그가 포식을 하던 방법이었다. 부인이 돌아와 첩에게 말했다. "남편은 우러러보며 평생을 함께해야 하거늘 지금 이와 같다." 부인이 첩과 함께 남편을 원망하며 마당에서 통곡을 하였다. 이때 남편이 아무것도 모르고 흥얼거리며 돌아와 처첩에게 으스대었다.

군자가 볼 때, 사람들의 부귀영달에 이르는 방법은 언제나 처첩에게는 부끄러움으로 울게 하지 않는 경우가 드물었다. 「이루하33」

齊人이 有一妻一妾而處室者러니 其良人이 出則必饜酒肉而後에 反이라 其妻 問所與飲食者하니 則盡富貴也일러라 其妻 告其妾曰 良人이 出則必饜酒肉而後에 反할새 問其與飲食者하니 盡富貴也로대 而未嘗有顯者來하니 吾將瞷良人之所之也하리라 하고 蚤起하야 施從良人之所之하니 徧國中호대 無與立談者러니 卒之東郭墦間之祭者하여 乞其餘하고 不足이어든 又顧而之他하니 此其爲饜足之道也러라 其妻 歸告其妾曰 良人者는 所仰望而終

身也어늘 今若此라 하고 與其妾으로 訕其良人而相泣於中庭이

어늘 而良人이 未之知也하니 施施從外來하여 驕其妻妾하더라

由君子觀之컨댄 則人之所以求富貴利達者 其妻妾이 不羞也而不

相泣者 幾希矣니라 「離婁下33」

많은 사람들이 부귀를 꿈꾼다. 끊임없이 증권이나 로또를 사거나 판검사가 되기 위해 각고의 노력을 기울인다. 그러나 대개의 경우는 스스로가 부귀를 향유하기 위해서라기보다는 남에게 과시하기 위한 욕구가 더 크다. 향유한다는 것은 있는 재물을 사용할 때 의미가 있는 것이지 쌓아두는 것에 의미가 있는 것은 아니다. 판검사가 되었다면 법의 정신을 구현하는 데 사명의식을 가지고 자신의 소신을 살리려 할 것이지 거들먹거리지는 않을 것이다.

돈의 사용처를 생각하지 않고 단지 돈을 모으겠다는 생각이 우리 사회에 더 지배적이다. 어느 신문의 칼럼에서 본 이야기이다. 관상을 좀 볼 줄 아는 사람이 세 노인을 만났는데 잠깐 상을 보니 모두가 빈상貧相이었다. 그러나 사람들의 말로는 이들 모두가 상당한 재력가라는 것이었다. 그럴 리가

없을 거라 생각하면서 이 세 노인에 대한 뒷조사를 좀 했더니 모두가 평소에 돈을 전혀 쓰지 않는 사람들이었다 한다. 관상에 부자의 상으로 나타나는 사람은 돈이 많은 사람이 아니고 돈을 많이 쓰는 사람이라는 이야기이다.

연말이 되면 재벌들이 몇십억에서 몇백억 원에 이르기까지 적지 않은 불우이웃돕기와 같은 성금을 기부한다. 그러나 알고 보면 대부분 자신 개인의 돈이 아니고 회사의 돈을 자신의 이름으로 내고 있다. 결국은 주주들의 돈을 가지고 경영인이 생색을 내는 것이다. 재벌들의 행태를 보면 돈을 벌어 쓰겠다는 것이 아니고 위의 제나라 사람처럼 거들먹거리는 것이 목적이다.

이러한 사람들은 대체로 남모르는 속내가 있다. 선거 때가 되면 후보자들은 모든 유권자에게 온갖 아부를 한다. 이때만큼은 그야말로 유권자가 왕이다. 후보자는 밤낮으로 만나는 사람마다 허리를 완전히 꺾으며 온갖 아첨의 말로 상대의 호감을 사려 한다. 눈물겨운 정경이다. 우리 사회에서 이보다 더 비굴한 광경을 보기는 힘들 것이다. 물론 선거가 끝나면 유권자는 당선인의 얼굴조차도 텔레비전이 아니고

서는 보기 힘들다.

부귀를 얻으려면 이러한 비굴한 과정을 거치지 않을 수 없다. 돈을 벌기 위해서는 또 얼마나 비굴해야 하는가? 옛날 박정희 대통령 시절에는 수출이라면 정부에서 온갖 지원을 해주었다. 그 당시 어느 친구의 이야기다. 회사에 해외 바이어가 와서 저녁 대접을 하고 있었는데 그 외국인이 회사의 여직원한테 자꾸 추근거렸다는 것이다. 참다못한 이 친구가 그 바이어의 뺨을 때리고 회사에 사표를 던졌다. 물건을 판매하는 일이 얼마나 힘든지는 겪어보지 않아도 어느 정도 알 수 있다.

만약에 단지 내 소신을 펴기 위해서 부귀를 얻고자 한다면 이러한 비굴한 과정을 거치지는 않는다. 수단 방법을 가리지 않고 획득해야 하는 것이 아니기 때문에 자신의 자존심까지 팔아가면서 얻으려 하지는 않는다. 자신의 최선을 다하고 그 결과에 만족할 수 있기 때문이다. 아울러 원하는 것을 얻으면 그것을 바로 향유할 뿐이지 거들먹거리지는 않는다. 그럴 필요가 없기 때문이다. 법의 정신을 구현하기 위해 판검사가 되었다면 아마도 자신의 직분에 만족할 뿐이지 자신을 팔아가면서 이를 출세의 수단으로 삼으려 하지는 않을 것이다.

예로부터 덕이 없는 사람이 재물을 모으거나, 능력이 없는 사람이 관직을 맡는 것은 부끄러운 일이라 했다.

한나라 때 소광疏廣이라는 사람이 있었다. 태자太子를 가르치는 관직에 있었는데, 태자가 『논어』와 『효경孝經』을 어느 정도 익히게 되자 5년 만에 벼슬을 그만 두었다. 그는 만족함을 알면 욕되지 않고 멈출 줄을 알면 위태로울 일이 없다는 생각이었다.

황제와 태자가 황금 수십 근을 하사하였는데 고향에 돌아와 어려운 사람들에게 나누어주고 나머지는 잔치로 마을 사람들을 대접하면서 모두 써버렸다. 그러자 전답이라도 마련해주기를 바랐던 자녀들의 불만이 있었다. 그러나 소광의 생각은 달랐다.

현명한 사람에게 재물이 많으면 그 소신이 훼손되고, 어리석은 사람에게 재물이 많으면 허물이 더 늘어나게 된다. 그리고 또 무릇 부자들이란 사람들의 원망을 살 뿐이다.

고금을 막론하고 돈이 현명하든 어리석든 도움이 되기는 참으로 힘든 일이었나 보다. 우리 사회의 재벌들 중에 과연 사회적으로 칭송을 받는 사람들이 얼마나 있는가? 재벌의 재물이 그들의 인품을 더 높여주고 있는가 아니면 오히려 그들의 품위를 더 낮추고 있는가를 본다면 긍정적인 답이 어려울 것이다. 인격은 돈으로 사지지 않는다.

5. 비굴하지 않은 삶은 어디에

천하의 넓은 집 '인仁'에 거주하며, 천하의 올바른 자리인 '예禮'에 서고, 천하의 큰 길인 '의義' 위로만 걷습니다. 뜻을 얻으면 백성과 더불어 대도大道를 따라 나아가고, 뜻을 얻지 못하면 혼자서라도 자신의 신념을 지킵니다. 부귀가 내 마음을 흔들지 못하며, 빈천이 나를 움직이지 못하고, 어떤 권세도 나를 꺾지 못합니다. 이러한 사람을 일러 대장부라 하는 것입니다. 「등문하2」

居天下之廣居하며 立天下之正位하며 行天下之大道하니 得志하여는 與民由之하고 不得志하여는 獨行其道하여 富貴 不能淫하

며 貧賤이 不能移하며 威武 不能屈함이 此之謂大丈夫니이다 「滕

文下2」

어떻게 살아야 하는가? 우리의 최대 고민이지만 맹자의 답은 명쾌하다. 대장부로 살아라! 통 크게 사는 것이 대장부의 삶이다. '인仁'에 거주하면 아주 넓은 집만큼이나 자유롭고, '예禮'에 맞추어 행동하면 모든 행위가 떳떳하며, '의義'의 길만을 가면 올바른 방향으로 가는 것이다. 재물이나 명예의 이해관계에 얽혀 살면 몸은 언제나 속박을 벗어나지 못한다.

맹자는 인을 가장 편안한 거처라 하고, 의는 바른 길이라 했다.

인仁은 사람의 편안한 집이다. 의義는 사람이 가야 하는 바른 길이다. 비어 있는 편안한 집에 거주하지 않고, 바른 길을 버리고 가지 않으니 서글픈 일이다. 「이루상10」

仁은 人之安宅也오 義는 인지정로야라.

曠安宅而弗居하며 舍正路而不由하나니 哀哉라. 「離婁上10」

인을 집으로 하여 살아가는 것은 떳떳하고 마음이 편하게 사는 것을 말한다. 인은 내 안에 있는 것이기 때문에 언제나 비어 있다. 언제라도 내가 찾으면 내 집이 되는 것이다. 아울러 언제나 의로운 길을 간다면 이것이 곧 대장부의 삶인 것이다. 이를 '거인유의居仁由義'라 했다.

> 죄가 없는 사람을 죽이는 것은 인仁이 아닙니다. 자기의 소유가 아닌 것을 취하는 것은 의義가 아닙니다. 살아야 할 곳은 어디에 있는가? 인에 있습니다. 갈 길은 어디에 있는가? 의에 있습니다. 인에서 살며 의로운 길을 가면(거인유의居仁由義) 대인大人의 조건을 갖추는 것입니다. 「진심상33」
>
> 殺一無罪 非仁也며 非其有而取之 非義也라 居惡在오 仁是也라 路惡在오 義是也라 居仁由義면 大人之事 備矣니이다 「盡心上33」

거인유의居仁由義란 어떤 삶을 말하는가? 인仁과 예禮 그리고 의義에 대한 신념이 투철한 삶을 말한다. 우선 어떤 부귀로도 흔들리지 않는다. 많은 사람들이 이러한 신념을 가졌다가도 막상 재물 앞에서 흔들린다. 경찰이나 검찰이 뇌물을 받아 챙기는 것이 처음부터 그럴 뜻으로 그 직업을 선택한 것은 아니었을 것이다. 저마다 말하기 힘든 어려움이 사람을 바꾸어 놓은 것이다.

특히 현대는 갈수록 돈이 더 필요한데 수입은 언제나 제자리이다. 과감한 결단력이 없으면 언제나 돈의 유혹을 이기기 어렵다. 현대의 사회는 돈을 아예 인간 가치의 평가기준으로 여기는 경향이 강하다. 돈이 많으면 큰 저택에서 살고 비행기를 타도 일등석이다. 인간의 품위가 한없이 높아 보인다. 이러한 돈의 위력 앞에 사람은 또 한없이 나약해진다. 그래서 대장부가 못 되는 것이다.

현대에는 돈이 없으면 바로 참으로 초라한 빈천貧賤한 계층이 된다. 옛날에는 신분이 양반이면 빈한貧寒해도 빈천하지는 않았다. 그러나 지금은 돈이 없으면 바로 천해지는 것이다. 초등학교의 학생들조차도 아파트에 따라 부유층과 빈천층의 그룹으로 구별된다. 학부모는 언제나 내 아이를 돈보이기 위해 마음을 졸인다. 명문학원을 보내야 하고 명품으로 아이를 가꾸어야 하며 피아노와 바이올린을 시켜야 한다. 무엇보다 큰 아파트에 살아야 한다.

선거 때가 되면 평소에 고고한 척하던 교수들까지도 자청해서 선거의 바람잡이를 한다. 그중에 성공하는 사람들은 결국 한 자리씩 한다. 벼슬을 하다가 돌아오면 자연 복직이 된다. 물론 애국심으로 신념에 의한 선거운동을 하는 사람도 있다. 그러나 그럴 경우는 교수직을 내놓고 해야 할 것이다.

권력은 옛날이나 지금이나 변함없는 힘으로 작용한다. 대법관 출신 변호사와 지방법원 판사 출신 변호사의 수임료는 차이가 얼마나 될까? 그 차이는 단지 경륜만으로 비롯되는 것은 아니다. 전관예우의 폐단에 대한 보도는 종종 있지만 과연 우리는 이의 개선을 기대할 수 있을 것인가?

이렇게 하나하나 뜯어보면 우리가 대장부로 살기가 얼마나 어려운 일인지 알 만하다. 아무래도 맹자의 시대보다 더 어려운 것은 확실하다. 지금은 온 세상에 널린 것이 나를 유혹하는 것들뿐이다. 스마트폰과 같은 전자제품들 중에서 내가 필요로 하는 것이 열 가지가 넘으며 이것만 해도 돈으로 계산이 안 된다. 아파트와 자동차는 아무리 새로 장만해도 더 좋은 것이 줄지어 나타나며 내 것을 초라하게 만든다.

그러나 불행 중 다행인 것도 있다. 인의만큼은 옛날이나 지금이나 똑같은 질량으로 우리 안에 있다는 것이다. 아직도 많은 사람들은 이러한 인의로 유혹을 차단하면서 소박한 생활을 하고 있는 것이다. 마치 컴퓨터에 매일 끝도 없이 바이러스가 침투하듯 유혹이 널름거리지만, 인의의 백신을 업그레이드하는 데 게으르지만 않으면 대장부로 살아가는 것이 어렵기만 한 것은 아닐 것이다.

6. 호연지기浩然之氣를 길러라

"선생님께서는 어느 방면에 잘하시는지 여쭙고 싶습니다."

말씀하시기를, "나는 '지언知言'하고, 나의 '호연지기'를 잘 기른다."

"무엇을 호연지기라 합니까?"

말씀하시기를, "말하기 어렵지만, 이 기운은 아주 크고 강건剛健한 것이어서 이에 따르면서 배양을 하되 손상시키지 않으면 천지 사이에 충만하게 된다. 이런 기운이란 인의와 천도天道에 상통하는 것이어서 이것이 없으면 사람이 무기력하게 된다. 이것은 평소 의義를 축적하여 생기는 것으로 우연히 한 두 번 의를 행했다고 해서 얻어지는 것이 아니다. 또한 마음에 꺼림직한 행동을 하면 이 기운은 시들해진다. 그래서 나는 고자告子가 의義를 몰랐다고 했는데, 그는 의를 심외心外의 어떤 것이라 했기 때문이다. 이러한 기운은 중단 없이 배양하면서 행여 마음속에 잊는 일이 없어야 하며, 또한 송나라 사람처럼 억지로 키우려 하지 말아야 한다. 어느 송나라 사람이 벼가 빨리 자라지 않아 조바심에 하나하나 위로 잡아당겨 올렸다. 그리고 집에 돌아가 식구들에게 말했다. '오늘 힘들었다. 내가 벼 싹을 모두 잡아당겨 자라는 것을 도와주었다.' 아들이 급히 가서 보니 벼 싹은 이미 말라버렸다. 세상에는 이런 식으로 싹을 잡아 올리지 않는 사람이 적다. 또 한편으로는 이러한 기운이 필요 없다 하여 버린 사람들은 마치 벼를 심고 김을 매지 않는 사람과 같다. 자라는 것을 돕겠다고 싹을 뽑아 올린 사람은 무익한 정도가 아니라 아예 해를 끼친 사람이다."

"무엇을 '지언知言'이라 합니까?"

말씀하시기를, "편파적인 말을 들으면 그 사람의 편파적인 의

도를 알게 되고, 방탕한 말을 들으면 그 사람이 무엇에 빠져 있는지를 알며, 삿된 말을 들으면 그 사람이 어떻게 정도正道를 벗어나는지를 알게 되고, 달아나려는 듯한 말을 듣게 되면 그 사람이 곤궁하다는 것을 안다. 이러한 말들은 마음속에서 생겨나는 것이니 결국 정치에 해를 끼치고, 정치에서 이런 말이 나오게 되면 나라의 일에 해악을 끼치게 된다. 성인이 다시 나오신다 해도 나의 이런 말에 반드시 공감을 하실 것이다."「공손상2」

敢問夫子는 惡乎長이시니잇고 曰 我는 知言하며 我는 善養吾浩然之氣하노라

敢問何爲浩然之氣잇고

曰 難言也니라 其爲氣也 至大至剛하니 以直養而無害한 則塞于天地之間이니라 其爲氣也 配義與道하니 無是면 餒也니라

是集義所生者라 非義襲而取之也니 行有不慊於心인 則餒矣니 我 故로 曰 告子未嘗知義라 하노니 以其外之也일새니라 必有事焉而勿正하여 心勿忘하며 勿助長也하여 無若宋人然이어다 宋人이 有閔其苗之不長而揠之者러니 芒芒然歸하여 謂其人曰 今日에 病矣로라 予助苗長矣라 하거늘 其子 趨而往視之하니 苗則

78

槁矣러라 天下之不助苗長者 寡矣니 以爲無益而舍之者는 不耘
苗者也요 助之長者는 揠苗者也니 非徒無益이라 而又害之니라
何謂知言이니잇고 曰 詖辭에 知其所蔽하며 淫辭에 知其所陷하
며 邪辭에 知其所離하며 遁辭에 知其所窮이니 生於其心하여 害
於其政하며 發於其政하여 害於其事하나니 聖人復起라도 必從
吾言矣시리라 「公孫上2」

　호연지기浩然之氣란 어떤 기운을 말한다. '기氣'는 매우 광범
위하게 쓰인다. 땅의 기운을 말할 때는 지기地氣라 한다. 옛
날 같으면 지금의 서울 한양漢陽은 오래되어 지기가 다했으
니 참한 새로운 땅을 찾아 천도遷都를 할 만도 하다. 그런데
우연찮게 금강유역으로 절반의 천도를 하면서 세종 신도시
를 건설하게 되었다.

　무언가 영적靈的인 일을 하는 사람들은 기가 센 곳을 찾아
지기地氣의 도움을 받는다. 우리나라에서 계룡산은 바로 그
런 곳으로 예로부터 도道 닦는 사람이 많기로도 유명하였고,
계룡산과 금강 사이의 여러 곳이 도읍의 땅으로도 거론되었
다. 세종시는 좋은 기운을 많이 받는 신천지가 될 것이라는

기대를 가져볼 만도 하다.

사람도 기가 세니 약하니 한다. 기 하면 역사에 항우項羽만한 사람도 드물 것이다.

해하가垓下歌

힘은 산을 뽑았고 기운은 세상을 덮었건만

때가 불리하니 말도 나가지 않는구나

말이 나가지 않으니 무엇을 하리오

우虞야 우야 너를 어찌 하리

力拔山兮氣蓋世, 時不利兮騅不逝.

騅不逝兮可奈何, 虞兮虞兮奈若何!

2200여 년 전 항우B.C. 232-B.C. 202는 24세에 봉기하여 진나라를 격멸하고 스스로를 서초패왕西楚覇王이라 칭했다. 8년에 걸친 전쟁에서 패전을 모르다가 31세에 그보다 훨씬 나이가 많은 유방劉邦, B.C. 256-B.C. 195에게 해하垓下라는 곳에까지 쫓겨 결국 그곳에서 최후를 맞이했다. 혈기血氣와 지략의 싸움에서 항우는 유리한 전쟁에서도 패전을 했다. 항우의 혈기만

믿는 호전적인 기개는 처음부터 좋은 결과를 기대할 수 없는 것이었다.

호연지기에 대한 맹자의 설명은 이해하기에 쉬운 것은 아니다. "아주 크고 강건하다(지대지강至大至剛)"는 의미에서는 항우의 기氣와 흡사하다. 그러나 '인의와 천도天道에 상통'한다는 의미에서 항우와는 전혀 다르다. 크고 굳센 기운만을 말하는 것이 아니고, 인간의 품격과 자연의 도리에 상응하는 기운이어야 하는 것이다.

호전적인 기운은 싸움을 조장한다. 삿된 기운을 가진 사람은 음험하게 보일 수밖에 없다. 몸이나 마음에 병이 있어 기운이 손상을 받으면 무기력하게 보일 것이다. 간사한 사람은 얼굴이 비굴한 기운으로 덮여 있다. 이러한 기운은 강하고 곧게 뻗어나가지 못한다. 오직 광명정대한 정신만이 기운에 생기生氣를 주어 크고 굳세게 한다는 의미이다.

좋은 사람 곁에서는 좋은 기운을 느끼게 된다. 이것은 몇 차례의 억지 선행으로 길러지는 것이 아니고, 평소 꾸준하게 인의를 축적함으로써 서서히 길러지는 것이라 했다. 그래서 벼를 뽑아 올리듯 억지로 하면 오히려 해악이 된다 한 것이다. 이로부터 '발묘조장拔苗助長'이란 성어成語가 생겼다. 즉 "벼 모를 잡아 당겨 자라는 것을 돕는다"는 뜻이다.

호연지기는 인간의 최고 가치를 향한 곧고 굳센 의지의 표상이라 할 수 있다. 편파적이거나 방탕한 생각에 빠지지 않고, 정도正道를 벗어나지 않는 광명정대한 의지이며, 이를 강한 기운으로 함양하는 것이다. 어디에서나 떳떳하고 항상 생기가 충만한 삶을 사는 데 필요한 것이 호연지기라 할 수 있다.

7. 사는 것은 끊임없는 노력이다

호생불해가 여쭈었다. "낙정자는 어떤 사람입니까?"

맹자께서 말씀하셨다. "선인善人이며 신인信人이다."

"무엇을 선이라 하며 무엇을 신이라 합니까?"

말씀하시기를, "사람들이 좋아하면 선인이라 하고, 자신에게 선의 확신이 있으면 신인이라 하며, 충실하게 차 있으면 미인美人이라 하고, 충실하여 겉으로도 빛이 나면 대인大人이라 하며, 크게 사람을 감화感化시키면 성인聖人이라 하고, 성인이 신

묘한 경지에 이르면 신인神人이라 한다. 악정자는 선인과 신
인의 사이이며 미美·대大·성聖·신神의 넷보다는 아래의 경지
이다. 「진심하25」

浩生不害問曰 樂正子는 何人也잇고 孟子曰 善人也며 信人也니라
何謂善이며 何謂信이닛고

曰 可欲之謂善이요 有諸己之謂信이요 充實之謂美요 充實而有
光輝之謂大요 大而化之之謂聖이요 聖而不可知之之謂神이니 樂
正子는 二之中이요 四之下也니라 「盡心下25」

　호생불해浩生不害는 성姓이 호생이고 이름은 불해라 한다.
낙정자樂正子는 맹자의 제자인데 노나라에서 벼슬을 했다. 같
은 제자지만 노나라에 가서 벼슬을 했다 하니 그 수학修學의
정도에 대해 선생님의 평을 듣고 싶었던 것 같다. 이에 대해
맹자는 수학이나 인품의 정도를 여섯 단계로 나누어 설명을
했다.

　사람들은 일반적으로 선善을 좋아하고 악惡을 미워하는 것
이 세상의 이치이다. 그래서 사람들은 선인을 좋아하고 악
인을 싫어한다. 우리는 흔히 사람 좋아 보인다는 말을 한다.

보기에 선한 사람이라는 뜻이 된다. 사람들은 이러한 사람을 좋아한다.

마음이 착하고 사람들에게 호감을 주는 것으로도 사람들은 좋아하지만, 실제로 행동 하나하나가 선을 실천하는 사람은 사람들에게 좋아하는 이상의 믿음을 주게 된다. 악취를 멀리하듯이 악을 멀리하고, 예쁜 여인을 좋아하듯이 선을 가까이 하며 성실하게 실천하는 사람을 신인信人이라 하였다.

이렇듯 악을 멀리하며 언제나 힘써 선을 실천하여 선행을 축적하면 자신의 심신이 아름다워지게 될 것이다. 즉 자신의 외재적인 조건과 상관없이 내면의 아름다움이 저절로 갖추어지는 것이다. 이것이 우리가 추구해야 할 아름다움이며 이러한 경지에 이르면 곧 미인美人이 되는 것이다.

내면적인 아름다움은 자연히 밖으로도 나타나게 된다. 즉 몸과 태도가 온화하고 아름다우니 하는 일마다 덕업德業을 성대하게 쌓는다. 우리가 일이 잘 풀리지 않는 것은 대체로 투자에 비해 많은 것을 바라기 때문이다. 오직 선을 가까이 하고 성실하기만 해도 풀리지 않는 일이 없을 것이다. 이러한 의미에서 언제나 남을 우선으로 하고 나를 그 다음으로 한다면 가히 대인大人이라 할 것이다.

　의식적인 선행이 아니고 완전히 몸에 밴 자연스러운 선덕善德을 쌓는다면 사람들에게 아름다움 이상의 감화력을 갖게 될 것이다. 사람들에게 고맙다는 치하를 듣는 것이 아니고, 사람들이 존경하고 따르는 것이다. 이러한 사람 곁에 있게 되면 다른 사람들도 함께 선행을 따라 하게 된다. 이렇듯 감화로 사람을 이끌어가는 사람을 성인聖人이라 한 것이다.

　성인의 경지는 드러나지 않는 가운데 저절로 이루어지게 하는 것이다. 즉 신묘하게 선덕이 모두 이루어지기 때문에 사람들은 아예 이를 감지하지도 못한다. 그래서 신인神人이라 하였으나 이는 성인의 신묘한 경지를 말한 것일 뿐, 성인 위에 신인이 있다는 의미로 보이지는 않는다.

　사람의 마음은 끊임없이 순간순간 변화한다. 만약에 일정한 지향점이 없다면 언제나 이리저리 갈지자之 행마를 할 것이다. 대체로 많은 사람들은 비교적 뚜렷한 방향성을 갖고 있다. 가장 많은 노선이 돈을 향한 길이다. 최고 부유층의 재벌들도 돈을 더 벌기 위해서라면 감옥도 불사한다. 실제로 많은 재벌들이 감옥을 왔다 갔다 한다. 장관이나 대법관을 지낸 사람들도 부동산 투기로 스스로의 인생에 오점을 남기기도 한다.

맹자는 처음부터 끝까지 인의예지를 말한다. 사람은 태어날 때 이미 천부의 품성으로 타고 났지만 살아가면서 자꾸 이를 상실해간다. 그래서 인의예지를 삶의 이정표로 세워두고 언제나 이 방향을 향해 전진하라고 독려한 것이다.

인생에는 오직 하나의 방향 하나의 노선이 있을 뿐이다. 이 노선을 따라 가다보면 여러 과정이나 단계를 거치게 된다. 위에서 말한 여섯 단계는 하나의 비유로 이해할 수 있을 것이다. 우리는 잘하면 크게 어렵지 않게 선인의 경지에 오를 수도 있을 것이다. 그리고 그 경지에서 만족할 수도 있을 것이다. 그러나 지속적인 노력을 하지 않으면 다시 추락할 수도 있다. 그래서 신인이나 미인의 경지를 향한 끊임없는 노력이 필요하다. 결국은 죽는 날까지 방심할 수 없는 일이다. 몇 건의 부동산 투기로 국무총리 후보에서 낙마하였다면, 낙마보다도 이제까지 쌓은 공덕 전체가 매도당하는 것이 더 큰 상처로 남을 것이다.

8. 사이비를 싫어한다

공자께서 말씀하셨다. "나는 비슷하게 흉내 내는 사이비를 싫어한다. 강아지풀을 싫어하는 것은 벼의 싹과 비슷하여 구분이 되지 않기 때문이다. 아부꾼을 싫어하는 것은 그런 사람이 정의正義를 어지럽히기 때문이다. 말이 앞서는 사람을 싫어하는 것은 믿음을 어지럽히기 때문이다. 정鄭나라의 음악을 싫어하는 것은 그 노래가 음악을 어지럽히기 때문이다. 자주색을 싫어하는 것은 자주색이 붉은색처럼 보이기 때문이다. 향원鄕原을 싫어하는 것은 그들이 덕을 어지럽히기 때문이다."

군자의 언행은 언제나 상도常道로 귀결된다. 상도가 바르게 된즉 백성이 흥기하고, 백성이 흥기하면 사악함이 없어지는 것이다. 「진심하37」

孔子曰 惡似而非者하노니 惡莠는 恐其亂苗也요 惡佞은 恐其亂義也요 惡利口는 恐其亂信也요 惡鄭聲은 恐其亂樂也요 惡紫는 恐其亂朱也요 惡鄕原은 恐其亂德也라 하시니라

君子는 反經而已矣니 經正則庶民이 興하고 庶民이 興하면 斯無邪慝矣리라 「盡心下37」

맹자가 공자의 말씀을 인용하여 사이비似而非를 경계하는
가르침의 내용이다. 강아지풀은 어린 싹일 때는 벼나 조(속
粟)의 싹과도 비슷하여 잡초를 솎아낼 때 그냥 지나치는 수
가 많다. 잡초가 벼 행세를 하는 것이다.

말하는 재주가 좋아서 언제나 사람들에게 듣기 좋은 소리
로 아첨을 잘하는 사람을 영인佞人이라 한다. 이러한 사람은
사람과 때에 따라 말을 바꾸기 때문에 옳고 그름에 대해 아
예 기준이 없다. 그러나 많은 사람들이 우선 눈앞에서 귀를
즐겁게 해주는 이런 사람들한테 넘어간다. 사리事理 판단을
흐리게 하는 사람들이다.

무슨 일을 하기 전에 먼저 말잔치를 하면서 생색을 내는
사람들이 있다. 마치 선거 때 넘치는 공약처럼 이런 사람들
의 말은 실천으로 이어지는 경우가 많지 않다. 원래가 생색
을 내기 위해 쏟은 말이었기 때문에 처음부터 실천을 전제
로 말한 것이 아니다.

요즘은 우리도 서양의 흉내를 내면서 걸핏하면 "사랑한
다"라는 말을 많이 한다. 이것은 사랑을 상대에게 말로 확인
을 시켜주자는 의도이다. 만약 사랑을 몸소 실천하는 사람

이라면 과연 이것을 말로 확인시켜줄 필요를 느낄 것인가? 지금의 5060세대의 부모님은 대체로 사랑이라는 말 한마디 없이 한평생을 사랑으로 살다 가신 분들이다. 사랑을 말로 하는 사람은 믿을 수 없다. 즉 말을 앞세우는 이유는 실천의 의지가 약하거나 먼저 말로 생색을 내겠다는 사람들이다. 이런 사람들은 사회의 신뢰를 어지럽히는 사람들이다.

『시경詩經』에 정나라의 노래 21수가 「정풍鄭風」편에 전해진다. 대체로 남녀의 애정을 소재로 한 가사이다. 공자는 『논어』에서 정나라의 음악은 방탕하다고 하였다(정성음鄭聲淫). 가사의 내용이 그렇다는 의미인지 확실하지는 않지만, 「정풍」에는 남녀의 애정에 대한 적나라한 표현이 많이 보인다.

방탕한 음악은 음악의 본질을 흐린다. 현대의 음악은 발산과 분출에 몰입한다는 인상을 준다. 지금 세계적으로 인기를 모으고 있는 '싸이'의 노래는 불평과 욕지거리를 쏟아내는 랩뮤직Rap Music보다는 훨씬 세련되었지만, 음악의 순기능 면에서는 좀 더 두고 보아야 할 것 같다.

자주색은 간색間色, 즉 이차색깔이다. 파란색도 아니고 빨간색도 아니다. 예전에 정치판에서 이리저리 왔다 갔다 하는 사람을 일러 '사꾸라'라는 말을 많이 했다. 어정쩡한 색깔을 하고 빨간색이 필요하면 빨간색이라 하고 파란색이 필요하면 자기도 파란색 계통이라 하는 것이다.

공자는 향원鄕原을 '덕의 도둑(덕적德賊)'이라 하였다. 맹자는 이에 대해 설명을 붙였다.

비난을 하려 해도 할 것이 없고, 책망을 하려 해도 할 것이 없으니, 그들은 세속과 동화同化되어 오염된 세상과 영합하니 충신忠信인 척하고 청렴결백한 척 행세한다. 그러니 대중은 모두가 그들을 좋아하고 자신도 또한 그러하다고 생각하는 것이다. 그러나 그들의 행위는 요순堯舜의 도리와는 다른 것이기 때문에 공자께서 '덕의 도둑'이라 하신 것이다. 「진심하37」

非之無擧也요 刺之無刺也하여 同乎流俗하며 合乎汙世하여 居之似忠信하며 行之似廉潔하여 衆皆悅之어든 自以爲是而不可與入堯舜之道라 故로 曰 德之賊也라 하시니라 「盡心下37」

세상이 함께 물들어 있기 때문에 적당히 흉내를 내면 성실한 사람도 되고 청렴한 사람도 되는 것이다. 최근 국무총리 후보자가 연일 부동산 투기와 증여세 포탈 관련의 여론 폭로를 못 이겨 후보직을 사퇴했다. 이에 후보를 임명한 대통령 당선인은 40년 전의 관행을 현재의 분위기로 저울질한다는 불만을 드러냈다. 이것은 마치 40년 전에는 대부분이 도둑들이었으니 지금은 그걸 논해서는 안 된다는 의미로도 들린다. 이미 법의 처벌을 받은 도둑은 오히려 관용을 베풀 수도 있지만 권력과 총명으로 법망을 피한 도둑들에 대해서는 감쌀 일이 아닐 것이다.

그 당시에는 분명히 부동산 투기가 유행했고, 세금 포탈도 많았으며, 웬만한 집에서는 아들들 군대도 보내지 않았다. 그래서 이런 일들은 사회의 지도자가 되는 데에 결격사유가 되지도 않았다. 공자가 말한 '향원鄕原'은 바로 이러한 사람들을 말한 것이다. 즉 적절하게 세상을 따라 사람들에게 야합하면서 자신의 이득을 취하되 밖으로는 선인善人으로 위장하는 것이다.

"도덕의 기준이 시대에 따라 변해야 한다"는 것은 대통령 당선인이 할 말이 아니다. 사회의 지도층은 언제나 일정한 상도常道를 기준으로 해야 한다. 이러한 상도가 바르게 정립

되어야 국민이 신뢰하며 생업에 충실할 수 있는 것이다. 이 것은 당선인이 평소에 항상 강조했던 말이기도 하다. 맹자 또한 이것을 강조하였다. 사회에 사악함을 없애려면 위에서 부터 상도를 세워야 한다는 의미이다.

9. 고난 속에 삶이 있다

순임금은 논밭에서 일어나 천자가 되셨고, 부열은 성벽을 쌓는 노역奴役에서 등용되었으며, 교격은 어염魚鹽 판매장에서 등용되었고, 관중은 형리刑吏의 손에서 등용되었으며, 손숙오는 은거하던 바닷가에서 등용되고, 백리해는 시장市場에서 등용되었다.

이렇듯 하늘이 어떤 사람에게 대임大任을 내리려 하면 반드시 먼저 심지心志에 고통을 주고, 근골을 힘들게 하며, 굶주리게 하고, 그의 몸을 텅 비게 하여, 하는 일마다 뜻과 같이 되지 않게 함으로써, 그의 마음을 강인하게 하고 아울러 그가 평소에 하지 못했던 일을 할 수 있는 능력을 키워준다.

사람은 언제나 잘못을 하고 나서야 고칠 줄 알며, 마음이 곤궁해지고 생각이 막힌 후에야 새로워지고, 표정으로 나타나고 말로 표현이 되어서야 다른 사람에게 감동으로 전해지는 것이다. 안으로는 법치 전문가와 현사賢士가 없고, 밖으로는 적국敵國이나 외환外患이 없다면 국가는 언제나 멸망하게 되어 있다. 그렇게 된 연후에 사람들은 비로소 우환 속에 삶이 있고, 안락 속에는 죽음이 있다는 것을 알게 된다. 「고자하15」

舜은 發於畎畝之中하시고 傅說은 舉於版築之間하고 膠鬲은 舉於魚鹽之中하고 管夷吾는 舉於士하고 孫叔敖는 舉於海하고 百里奚는 舉於市하니라

故로 天將降大任於是人也신댄 必先苦其心志하며 勞其筋骨하며 餓其體膚하며 空乏其身하여 行拂亂其所爲하나니 所以動心忍性하여 曾益其所不能이니라

人恒過然後에 能改하나니 困於心하며 衡於慮而後에 作하며 徵於色하며 發於聲而後에 喩니라 入則無法家拂士하고 出則無敵國外患者는 國恒亡이니라 然後에 知生於憂患而死於安樂也니라
「告子下15」

순임금은 역산歷山이라는 곳에서 농사를 짓다가 천자의 지

위까지 올랐다. 부열은 토목공사장에서 발탁이 되어 재상까지 되었다. 교격은 은殷나라 주왕紂王의 신하였지만 주왕의 폭정을 피해 시장에 은둔하다가 주周의 문왕文王에게 발탁이 되었다. 관중은 옥살이를 하던 중 제나라의 환공桓公이 포숙鮑叔의 천거를 받아 재상으로 임용했다. 손숙오는 초楚나라의 은사隱士였다가 역시 재상으로 등용되었다. 백리해는 이리저리 잡히고 팔려온 신세였으나 진나라의 목공穆公에 의해 대부大夫로 임용되었다.

이들 여섯 사람들은 본래는 훌륭한 사람들이었으나 때를 만나지 못하였거나, 또는 맹자의 말처럼 하늘의 시련을 겪고 난 후에 비로소 큰 임무를 맡게 된 사람들이었다. 본래 큰 인물들이었지만 이들은 공사장이거나 시장바닥이거나를 가리지 않고 묵묵히 일을 하다가 발탁이 되었다. 그리고 등용이 된 후에는 자신들을 발탁해준 현군賢君들을 위해 지혜와 능력을 발휘하여 왕의 대업을 도왔다.

이 단락에서는 두 가지의 의미를 찾아볼 수가 있다. 하나는 큰일을 하기 위해서는 역경을 거친다는 것과, 다른 하나는 어려움이 없이 안락한 생활을 하게 되면 국가든 개인이든 멸망하게 된다는 것이다. 대체로 사람은 힘든 역경 속에서 더 큰 능력을 발휘하게 된다. 힘든 과정을 지나다보면 몸으로도 단련이 되지만 정신적으로도 강인해진다.

현재 우리는 구직난과 인력난을 함께 겪고 있다. 대졸 이상에서는 이미 여러 해 동안 취업난이 지속되어 대학생들은 졸업조차 미루고 있는 실정이다. 그러나 중소기업은 역시 오랫동안 인력난을 겪으면서 외국인들로 충당을 하고 있는 실정이다. 학력 인플레이션이 인력의 수급 사이에 불균형을 초래하고 있는 것이다. 대부분이 고학력이다 보니 낮은 곳에서 일을 하려는 사람은 별로 없고 처음부터 자신의 학력에 맞는 일자리를 찾는 것이다.

많은 사람들이 힘든 과정을 거부하거나 두려워하면서 피하려고 하고, 단지 안정적인 일자리만을 원한다. 그러나 그러한 자리는 대부분의 사람들이 모두 원하기 때문에 역시 힘든 경쟁을 거쳐야 하고, 아울러 언제나 주어진 상황에 적응을 할 뿐 자신이 주도적이고 창의적인 역할을 하지 못한다. 결국은 힘든 과정을 피하지도 못하고 오히려 더 힘든 타인의 인생을 살게 되는 것이다.

사람에게 역경은 단련의 과정이면서 자기 정체성을 확인하는 과정이기도 하다. 어려움이 없다면 자신의 능력을 발휘할 기회도 얻지 못하거니와, 평생 자신이 어떤 사람인지 알 수도 없게 된다. 예쁜 부인보다는 함께 고생해준 조강지처糟糠之妻가 더 아름다워 보이기 마련이며, 술친구보다는 함께 고생한 군대친구가 더 가깝게 느껴진다. 별 아쉬움이 없을 때 함께한 사람들보다는 어렵고 괴로울 때 함께한 사람들이 더 기억에 남는 것이다.

인생이 안락하다면 그 사람은 활기차게 살기도 어렵고 행복하기도 어렵다. 어려움을 이긴 후에 보람과 행복을 체험하는 것이며 이로부터 활기를 얻게 되기 때문이다. 우환도 없고 고뇌도 없다면 찾아오는 것은 행복이 아니고 늘어진 나태와 무료한 권태뿐일 것이다. 눈보라와 두꺼운 얼음의 무게를 견딘 후에야 봄을 알 수 있듯이, 죽고 싶은 생각이 엄습하는 고통과 긴장이 지난 후에 비로소 생의 활기가 찾아오는 것이다.

우환이 있어야 삶의 생기가 함께 한다. 즉 고난 속에서 사람은 삶의 의지가 더욱 강해진다. 안락은 죽음에 이르는 길이다. 안락하다면 굳이 삶의 의지를 키울 일이 없기 때문이다. 현대인은 하는 일이 힘든 것이 걱정이 아니고, 할 일이 없는 것이 걱정이다. 오직 가진 것이 시간과 돈이라는 많은 사람들이 온갖 핑계로 동남아로 골프 여행을 하거나 세계 각지로 호화여행을 한다. 즐비한 음식집마다 가지가지 모임으로 중년의 여성들이 수다로 시간을 보낸다. 어찌 보면 시간을 죽이는 것 같다. 오래 살기를 원하면서 막상 지금 할 일이 없는 것이다.

10. 성장보다 상생을 도모할 때이다

제나라 사람들이 하는 말이 있다. "비록 지혜가 있다 해도 때를 만나니만 못하고, 농기구가 있다 해도 농사철을 기다려야 한다." 지금의 시기가 바로 왕업王業을 이루기가 쉬운 때이다. 하·은·주夏·殷·周 세 왕조의 전성기에도 천자天子 자신의 땅은 사방 천리를 넘지 않았는데, 지금 제나라는 이미 그만한 땅이 있다. 아울러 개와 닭 우는 소리가 사방 국경에까지 이어져 들리니 인구가 그만큼 많은 것이다. 영토를 더 넓히지 않고, 백성을 더 모으지 않아도 인정으로 왕업을 일으키면 누구도 막지 못할 것이다.

또한 왕의 인정이 끊어진 지가 지금처럼 오래 된 일이 없었으며, 백성이 학정虐政에 시달린 것도 지금처럼 심해본 적이 없었다. 굶주린 사람을 먹게 하는 것은 쉬운 일이며, 목마른 사람에게 물을 먹이는 것도 쉬운 일이다.

공자는 말씀하셨다. "인정의 감화가 퍼지는 속도는 명령을 전하는 전령보다 더 빠르다." 지금 이때에 만승萬乘의 나라에서 인정을 행하면 백성들이 마치 거꾸로 매달렸다가 풀려 난 듯 기뻐할 것이다. 이는 예전 사람보다 절반의 수고로 공功은 오히려 배가 될 것이니, 지금이 그때이다. 「공손추상」

齊人이 有言曰 雖有知慧나 不如乘勢며 雖有鎡基나 不如待時라 하니 今時則易然也니라

夏后殷周之盛에 地未有過千里者也하니 而齊有其地矣며 雞鳴狗吠 相聞而達乎四境하니 而齊有其民矣에 地不改辟矣며 民不改聚矣라도 行仁政而王이면 莫之能禦也리라

且王者之不作이 未有疏於此時者也하며 民之憔悴於虐政이 未有甚於此時者也하니 飢者에 易爲食이며 渴者에 易爲飮이니라

孔子曰 德之流行이 速於置郵而傳命이라 하시니 當今之時하여 萬乘之國이 行仁政이면 民之悅之 猶解倒懸也리니 故로 事半古 之人이요 功必倍之는 惟此時爲然하니라 「公孫丑上1」

모든 일에는 때가 있다. 아무리 좋은 농기구가 있어도 농 사철이 되어야 쓸모가 있다. 볍씨를 뿌리고 잘 자라도록 가 꾸려면 겨울이 지나 날씨가 따뜻해지며 비가 자주 내리는 봄철을 기다려야 한다.

『사기·화식열전史記·貨殖列傳』에 "나는 사람들이 버리는 것 을 취하고, 사람들이 필요로 하는 것을 내준다(인기아취人棄我 取, 인취아여人取我與)"는 말이 있다. 전국시대 백규白圭라는 대신 大臣이 있었다. 그는 곡물의 수확기에는 곡물을 수매하고 옷 감이나 옻칠을 팔았다. 누에고치가 나올 때는 곡물을 팔고 옷감 재료를 사들였다. 즉 그는 물량이 풍부하여 값이 떨어 질 때 그 물건을 사들이면서, 때가 아니어서 물량이 부족한 것은 내다 팔았다. 그는 스스로는 매우 검소한 생활을 하면 서 유리한 시기時機를 운용하는 데 있어서는 매우 신속하고 과감했다.

나라가 약해지면 국왕은 우선 국력의 신장伸張에 몰두하게
된다. 이제 제나라는 부국강병의 기반이 충분하다는 것이
맹자의 시각이다. 지금은 부국강병의 정책을 계속 밀고 나
갈 때가 아니고 이루어진 기반을 공고히 하고, 백성들을 편
안하게 해주어야 할 때라는 것을 강조하고 있다.

겉으로 볼 때 인구도 많아지고 백성들의 생업生業도 좋아
보이지만, 안으로는 백성들이 국력의 확대를 위한 학정虐政
에 시달리고 있는 것이다. 이러한 학정이 오래되면 백성들
도 견뎌나기 힘들 것이며 결국은 국가도 다시 약화될 것이
다. 맹자는 힘든 백성들에게는 조금의 인정만 시행해도 그
감화력이 클 것인데 지금의 이때를 놓쳐서는 안 된다는 경
고를 한 것이다.

지금의 우리 시대상황도 이와 매우 비슷하다. 우리나라는
박정희 대통령 이래로 줄곧 산업화를 통한 국력신장에 매진
해왔다. 덕분에 우리는 전반적으로 산업화에 성공하면서 빠
른 성장을 하였고, 몇몇 대기업은 세계적인 도약을 하였다.
이에 따라 국민소득도 선진국의 대열에 진입하는 수준으로
향상되었으며 많은 분야에서 세계적으로 돋보이는 성취를

이루었다.

그러나 우리는 많은 부정적인 기록도 보유하고 있다. 세계적인 초저출산 국가, 자살률이 가장 높은 나라, 제왕절개 수술 비율 세계 최고 등의 기록은 상당히 오랫동안 유지되었다. 교육환경이나 내용이 열악하다보니 초등학생의 체력이나 시력도 문제가 심각하다. 소득수준도 갈수록 빈부의 차이가 커지면서 국민들은 좌절과 절망 속에서 힘들어 한다.

이제는 우리도 경제적 수치에 매달리기보다는 소득과 분배의 균형과 조화에 비중을 두고 온 국민이 함께 성장할 수 있는 정책을 펴야 할 때이다. 어제까지 법관이었다가 오늘 로펌으로 옮겨가 떼돈을 벌어들이거나, 고위공직에 있다가 낙하산 인사로 공기업에 들어가 거액의 연봉을 챙기는 사회는 신뢰가 구축될 수 없다. 재벌들은 천문학적인 비자금 조성이나 세금포탈의 범법 행위가 밝혀지면 거대한 변호인단이 꾸려지지만, 일반서민들은 가벼운 실수에도 변호사의 조력을 받을 만한 형편이 되지 못한다.

우리는 함께 사는 사회를 지향해야 한다. 초등학교 때부터 경쟁의식을 부추기면서 자신의 이익에만 몰두하도록 하는 지금의 교육제도나 내용은 고쳐야 한다. 인생에서 별 의미도 없는 내용으로 경쟁에서 이긴 사람들이 대학을 진학하는 것이 아니고, 필요한 사람들이 대학에 진학하는 사회가 되어야 한다. 즉 대부분의 사람들은 대학에 가지 않고서도 자신의 적성을 찾아 취업을 할 수 있고 그에 따른 적정의 대우가 보장된다면 맹목적인 대학의 경쟁은 크게 해소될 것이다.

지금은 우리도 서로의 신뢰를 회복하여 서로가 화목하게 살 수 있는 길을 찾는 것이 가장 중요한 때이다.

11. 청소년은 풍년에 게으르고 흉년에 흉포해진다

풍년이 들면 청소년들은 게을러지고 흉년이 들면 청소년들은 흉포해진다. 이것은 하늘이 내려준 자질이 다르기 때문이 아니고, 사람의 마음을 그렇게 몰아가기 때문인 것이다.

만약 보리를 파종하는데 같은 땅에 같은 시기에 심었다면 비슷하게 싹이 돋아 하지夏至 때쯤이면 모두가 익을 것이다. 그 중에 비록 다른 것이 있다 해도 이는 밭의 토질이나 강우량 또는 사람의 손길에 따른 것이라. 따라서 같은 종류는 서로 비슷한 것이다. 하물며 어찌 사람이라 해서 다르겠는가? 성인도 우리와 같은 사람이다.

그래서 용자龍子(옛날의 현인)는 "발의 크기를 모르고 짚신을 삼아도 삼태기가 되지 않는다는 것을 나는 안다"라고 했다. 짚신의 크기가 대개 비슷하니 이것은 세상 사람들의 발 크기가 대개 비슷하기 때문이다.

사람의 입은 맛에 대한 기호嗜好가 비슷하다. 역아易牙(음식을 잘 만들었다는 요리사)는 우리 맛의 기호를 먼저 깨달은 사람이다. 만약에 사람들의 미각이 사람과 견마犬馬만큼이나 차이가 나는 것이었다면 세상 사람들이 어떻게 모두가 역아의 음식을 맛있다 하였겠는가? 맛이라면 모두 역아의 맛을 기대하니 이것은 세상 사람들의 입맛이 비슷하기 때문이다.

사람의 귀도 마찬가지이니, 소리(음악)라 하면 모두가 사광師曠(유명했다는 음악가)을 떠올리는데 이는 사람들의 귀가 모두 비슷하기 때문이다.

눈도 또한 마찬가지이다. 자도子都(유명했던 미인이라지만 남자인지 여자인지 확실하지 않음)라 하면 세상에 그 미색을 모르는 사람이 없고, 그 미색을 모르는 사람은 눈이 없는 사람이다.

그래서 하는 말이다. 맛에 대한 입의 미각은 서로 같으며, 소리에 대한 귀의 청각도 비슷하고, 색에 대한 눈의 시각적 기호도 같은 것이다. 그런데 어찌 유독 마음만은 서로 같지 않다고 할 수 있겠는가? 마음에 있어서 서로 같은 것은 무엇인가? 그것은 이理이며 의義이다. 성인은 우리의 마음에 있어서 서로 같은 것을 먼저 깨달은 사람이다. 그래서 이理와 의義는 우리의 마음을 즐겁게 해주는데, 마치 고기 음식이 우리의 입을 즐겁게 해주는 것과 같다. 「고자상7」

富歲엔 子弟 多賴하고 凶歲엔 子弟 多暴하나니 非天之降才爾殊也라 其所以陷溺其心者然也니라

今夫麰麥을 播種而耰之하되 其地同하며 樹之時又同하면 浡然而生하여 至於日至之時에 皆熟矣나니 雖有不同이나 則地有肥磽하며 雨露之養과 人事之不齊也니라 故로 凡同類者는 擧相似也니 何獨至於人而疑之리오 聖人도 與我同類者시니라

故로 龍子 曰 不知足而爲屨라도 我知其不爲蕢也라 하니 屨之相似는 天下之足이 同也일새니라

口之於味에 有同耆也하니 易牙는 先得我口之所耆者也라 如使

口之於味也에 其性이 與人殊 若犬馬之與我不同類也면 則天下

何耆를 皆從易牙之於味也리오 至於味하여는 天下期於易牙하나

니 是는 天下之口 相似也일새니라

惟耳도 亦然하니 至於聲하여는 天下期於師曠하나니 是는 天下

之耳相似也일새니라

惟目도 亦然하니 至於子都하여는 天下莫不知其姣也하나니 不

知子都之姣者는 無目者也니라

故로 曰 口之於味也에 有同耆焉하며 耳之於聲也에 有同聽焉하

며 目之於色也에 有同美焉하니 至於心하여는 獨無所同然乎아

心之所同然者는 何也요 謂理也義也라 聖人은 先得我心之所同

然耳시니 故로 理義之悅我心이 猶芻豢之悅我口니라 「告子上7」

　사람끼리의 유전자는 기본적으로 같다. 즉 사람과 동물
사이에 유전자의 혼란이 있을 수 없다. 다만 우리는 환경에
따라 서로 다른 성향이 나타난다. 『논어』에 "본성은 같되 서
로의 습성이 다르다(性相近, 習相遠)"라고 했듯이 사람의 타고
난 품성은 서로가 다를 것이 없는데, 환경에 따라 서로 다른
습성이 나타난다는 의미이다.

사람도 우선은 먹는 일이 가장 중요하다. 그래서 식량이 여유가 있으면 마음에도 여유가 있지만, 식량이 모자라면 인심이 흉흉해질 수밖에 없다. 바누아투Vanuatu는 80여 개의 섬에 20여 만 명의 국민이 사는 매우 작고 가난한 나라인데, 먹을 것만큼은 걱정이 없다고 한다. 일 년 내내 작물이 자랄 수 있는 기후로 인해 농사를 따로 짓지 않아도 도처에 먹을 것이 풍족하다는 것이다. 이 나라가 한때 행복지수가 세계에서 가장 높은 나라로 꼽혔다. 그때 우리나라는 102위였으며, 미국은 150위였다.

옛날에는 분명히 식량자원만으로도 사람들은 여유가 있고 인심은 후해질 수가 있었다. 그러나 현대에 와서 상황이 달라졌다. 미국 같은 나라가 행복지수가 낮다고 하는 것은 먹거리의 문제가 아니다. 문명이 발달하면서 사람들은 먹거리에 상관없이 채워질 수 없는 결핍증을 갖게 된 것이다.

인터넷에서 바누아투 관련 정보를 보게 되면 그곳에 가고 싶은 욕구가 생긴다. 스마트폰은 산 지 얼마 되지도 않아 새로운 것이 출시된다. 모든 가전제품이 그렇고, 자동차나 아파트도 마찬가지이다. 우리의 욕구는 나날이 팽창하지만 대부분의 사람들에게 있어서 이를 채워줄 수 있는 수입은 늘어나지 않는다. 결국 우리는 심리적으로 무한한 결핍증에서 헤어날 수 없으며, 따라서 사회의 인심은 갈수록 흉흉해질 수밖에 없는 것이다. 우리는 스스로가 행복한 조건에서 살고 있다고 생각하기에는 너무 어려운 구조 속에서 살고 있다.

사람에게 있어서 행복의 조건은 사실 매우 단순한 것이었다. 우리의 몸에서 요구하는 본성 외에 오감五感의 소박한 욕구를 충족시켜주는 정도로 충분했다. 즉 미각이나 청각 그리고 시각 등의 감각은 대체로 비슷해서 대체로 어렵지 않게 만족한 일상생활을 할 수 있었다. 여기까지는 사람이나 금수禽獸가 별로 다르지 않다. 이 외에 사람에게는 사람 고유의 품성이 있는데 이를 여기에서 '이理'와 '의義'라 했다.

'이'는 자연의 이치, 즉 천리天理라 할 수 있고, '의'는 사람의 도리道理, 즉 도의道義라 할 수 있다. 이것도 사람 모두가 태어날 때부터 타고나는 것으로 사람들의 보편적인 가치 기준이기 때문에 이를 따라 사는 것이 곧 즐거운 일이 된다. 이것을 마치 고기 음식을 먹을 때의 즐거움과도 같다는 비유를 했다. 즉 사람은 천성적으로 천리와 도의를 따라 살 때 행복을 느끼도록 되어 있다는 뜻이다.

하지만 사람들에게 환경의 요인도 매우 중요한 행복의 조건이 된다. 가령 똑같은 보리를 파종해도 토질이나 기후 또는 사람의 손길에 따라 작황이 전혀 다르게 되듯, 사람의 품성도 똑같지만 자신의 노력과 환경에 따라 결과는 크게 달라질 수밖에 없는 것이다. 기근饑饉이 들면 인심도 흉흉해진다. 그러나 지금은 아무리 해도 채워지지 않는 심리적인 공황이 현대의 흉년이며 기근이다.

사람들이 오래 굶주리면 천리나 도의로부터도 멀어지게 되어 있다. 현대의 문명은 사람들에게 끝을 모르는 욕심과 상대적인 빈곤을 유발시킨다. 우리는 입에 맞는 음식을 먹으면서도 천리와 도의에 따라 살아야 행복할 수 있었는데, 지금은 지나친 욕망에 끌려 다니면서 이러한 의리義理를 벗어나 살기 때문에 가난한 바누아투 사람들보다도 행복을 모르며 살게 된 것이다.

1950년대 중국의 한 시골에 나이 스물도 되지 않은 청년이 자신보다 열 살이나 위이며, 아이가 넷이나 달린 과부를 좋아하게 되었다. 그러나 이들은 당시 상식을 벗어난 행동에 대한 주위의 눈총을 감당하기가 힘들었다. 청년은 깊은 산속에 과부와 아이들을 데리고 들어가 평생을 산속에서 살았다. 자신의 아이를 넷이나 더 낳으면서 두 남녀는 하루도 떨어지지 않고 살다가 2007년 청년이 먼저 이승을 떠났고, 2012년 과부도 87세의 나이로 청년을 따라갔다.

이들이 50여 년을 함께 살다가 떠난 산속에는 6,000여 개의 돌계단이 만들어져 있었다. 청년이 자신이 사랑하는 여인을 위해 가파른 산길에 50여 년 동안 망치와 정으로 쪼아 만들어 놓은 길이었다. 중국 사람들은 이를 '사랑의 계단(애정천제愛情天梯)'이라 불렀다. 사람들은 그 두 사람의 순수 소박한 사랑의 일생을 영화로 만들었으며, 그들이 살다 간 곳에는 기념관도 세울 예정이라 한다.

그 두 남녀는 어찌 보면 철저하게 천리와 도의에 따라 살았다고 볼 수 있다. 총각이 아이가 넷이나 달린 과부를 좋아해서는 안 된다는 동네 사람들의 비방은 단지 인위적인 편견으로 자연의 이치와는 상관없는 것이다. 그는 현란한 문명을 벗어나 천리를 따라 살았으며, 아울러 여인과 아이들을 위해 자신의 최선을 다해 도의에 충실했다. 이들은 전기나 전화와 같은 현대 문명의 기본적인 이기利器조차도 사용하지 않았지만 이들이 잃은 것은 없었으며, 산속에서 자급자족으로 식량을 마련하면서 6,000여 개의 돌계단을 만드는 중노동도 마다하지 않았다.

우리는 왜 바누아투 사람들보다 행복하지 못한가? 우선 우리는 그들보다 너무 많은 것을 가졌다. 그리고 우리는 너무 많은 일을 하면서 너무 바쁘다. 바누아투 사람들은 별로 할 일이 없다고 한다. 우리는 가족들과 헤어져 사는 것을 너무 쉽게 생각한다. 청년과 과부는 하루도 떨어진 일이 없었다.

그러면 우리가 그들에 비해 없는 것은 무엇인가? 우리는 자신의 정체성正體性이 없다. 가령 바누아투 사람은 바쁘게 끌려 다니지 않고 자신이 자신 행위의 주체가 된다. 청년은 오직 한 마음이었다. 세상의 편견과 이목으로부터 벗어나 자신만의 인생을 살았다. 이들에게 공통적인 것은 여유이다. 바누아투 사람들의 한가한 일상생활이나, 청년이 망치로 바위를 쪼아대었던 하루의 일과는 바로 우리가 상실한 여유다. 세상의 모든 생물이 유유자적하며 산다. 오직 현대의 문명인들이 바쁘다. 천리도 모르고 도의도 사라진 채 이유도 모르면서 바쁘게 산다. 우리는 막연하게 돈이면 될 것이라는 착각 속에서 나 자신이나 행복을 다 쓰지도 못하는 돈과 바꾼다.

12. 인생에서의 세 가지 즐거움

군자에게는 세 가지의 즐거움이 있는데 왕 노릇 하는 것은 포함되어 있지 않다.

부모님이 생존해 계시고 형제 또한 무고하면 일락—樂이다. 위로 하늘을 우러러 부끄러움이 없고, 아래로는 다른 사람들에게 부끄럽지 않은 것이 이락二樂이다. 그리고 천하의 영재를 얻어 가르치는 것이 삼락三樂이다. 군자는 이 세 가지 즐거움이 있을 뿐, 천하의 왕이 되는 것은 그 안에 있지 않다. 「진심상20」

君子有三樂而王天下不與存焉이니라

父母俱存하며 兄弟無故가 一樂也요 仰不愧於天하며 俯不怍於人이 二樂也요 得天下英才而敎育之 三樂也니 君子 有三樂而王

天下不與存焉이니라 「盡心上20」

옛날이나 지금이나 사람 사는 기본 이치는 다름이 없다. 위로 부모님이 계시고 형제 사이에 아무런 탈이 없다면 일단 심적으로 든든하고 안정적인 생활을 할 수 있다. 이것은 본래 그렇게 어려운 일이 아니다. 인명人命은 재천在天이라 했으니 여기에서는 특별한 장수를 바란다기보다는 집안의 화목을 뜻하는 것으로 보아도 무방할 것이다. 그러나 현대에 와서 이것이 그렇게 쉽지 않은 일이 되었다. 우선 재력이 있는 집안은 대부분 재산문제로 집안이 뒤죽박죽이고 법정에서의 송사도 마다하지 않는다.

별로 그럴 일이 없는 집안도 여기저기 흩어져 살다보니 가족의 결속력도 약화되고 부모 자식 사이의 왕래도 갈수록 적어지고 있다. 무엇보다 전통문화가 단절되고 외래문화가 지배적인 상황에서 윗세대는 단지 고루하고 아랫세대는 신세대라는 차별의식이 심화되어 있는 것도 가족 분열의 요인이 된다.

옛날보다 늘어난 수명이 행복의 요인으로 되기에는 우리

는 가족 중심적인 문화가 부족하다. 지금처럼 자녀들을 외국으로 보내고 아이의 아버지만 남아 등골이 휘도록 일을 해야 한다면 외로운 노년기는 피할 수 없을 것이다. 군자 삼락三樂에서 가장 쉽게 얻을 수 있는 일락一樂이 현대인에게는 오히려 가장 어려운 조건이 되어버렸다.

다음으로 부끄럽지 않은 인생은 노력으로 가능하다. 별로 가진 것은 없어도 위로나 아래로 부끄러움이 없는 인생을 살았다면 성공했다고 할 수 있을 것이다. 그러나 현대의 사회에서 또 이것만큼 어려운 것이 없을 것이다. 만약에 출세한 사람들, 즉 재벌이나 고위직 또는 대통령을 지낸 사람들이라면 주변에 부끄러움 없는 과거를 갖기가 낙타가 바늘구멍에 들어가기만큼이나 어려울 것이다. 『맹자』의 삼락三樂에서 왕 노릇 하는 것을 제외한 이유를 알 만하다.

여기 원문에서 말하는 것은 보통 사람의 삼락이 아니고 군자의 삼락을 말했다. 그리고 여기에 왕 노릇 하는 것은 일찌감치 제쳐 버렸다. 그러면 군자가 할 일은 과연 무엇인가? 공자와 맹자 같은 성현의 일생을 보면 바로 알 수 있다. 두 분은 천하가 바르고 잘 살게 하기 위해 일찍부터 정치에 뜻을 두었지만 이루지 못했다. 결국은 고향에 돌아와 그 뜻을 학생들에게 펼쳤다.

공맹孔孟의 시대는 이미 요순堯舜의 시대와는 달랐다. 약 2000년이 넘는 시간의 격차는 성현과 세상을 너무 벌려놓았는지도 모른다. 공자 이래로 성현이 제왕이 된 일은 없었던 것 같다. 결국 성현에게는 학생을 가르치는 일이 있을 뿐이었다.

학생을 가르치는 일이 즐거움이 되려면 선생도 중요하지만 학생의 뜻과 자질이 매우 중요하다. 사람의 적성이나 취향 또는 뜻이 모두 같지 않기 때문에 가르치면서 보람을 얻는 것도 사람을 잘 만나야 한다. 훌륭한 자질을 지닌 학생을 만난다면 금상첨화겠지만 역시 기대하기 어려운 일일 것이다.

군자가 아닌 평민의 삼락도 이와 크게 다를 일이 없다. 부모 형제 모두 무탈하고 화목하다면 사람에게 이보다 더한 복도 없다. 그리고 부끄러움 없는 인생이었다면 떳떳하고 행복하게 살았다고 할 수 있다. 노년에 이르러 후손들에게 지혜를 물려주는 역할을 할 수 있다면 굳이 영재가 아니더

114

라도 뿌듯한 보람으로 생을 마감할 수 있을 것이다.

13. 학문은 나를 찾는 것이다

인仁이란 사람의 마음이며, 의義는 사람의 길이다. 사람들이
그 길을 버리고 따라가지 않고, 그 마음을 잃고서도 찾을 줄
을 모르니 애처로운 일이다. 사람이 닭이나 개를 잃어버려도
찾을 줄을 아는데, 마음을 잃어버리고도 찾을 줄을 모른다.
학문의 길은 별다른 것이 아니고 잃어버린 마음을 되찾는 것
일 뿐이다. 「고자상11」

孟子曰 仁은 人心也요 義는 人路也니라 舍其路而不由하며 放其
心而不知求하나니 哀哉라 人有鷄犬이 放則知求之하되 有放心而
不知求하나니 學問之道는 無他라 求其放心而已矣니라 「告子上11」

인의는 사람의 보편적인 품성이다. 인仁은 사람이 태어날
때 타고나는 기본적인 마음이며, 의義는 역시 타고나는 천성
의 행동양식이다. 사람은 본시 선善한 마음과 선한 행동양식
을 갖고 태어난다. 그런데 후천적으로 환경과 같은 요인에

의해 이러한 마음과 행동양식을 상실해 가는 것이다. 학문
이란 바로 이렇듯 상실한 나의 품성을 다시 찾는 과정을 말
한다. 이를 위해 예로부터 학교를 세워 청소년들의 교육을
실시했다.

상·서·학·교庠·序·學·校를 세워 백성을 가르쳤으니, 상庠은
양로養老의 뜻이며, 교校는 가르치는敎 것이고, 서序는 활을 쏘
는射 것입니다. 하夏나라 때는 교校라 했으며, 은나라 때는 서
序라 했고, 주나라에서는 상庠이라 했는데, 학學(태학太學)만은
세 나라가 모두 같았습니다. 모두가 인륜을 밝히기 위한 것이
었으니, 인륜이 위에서 밝아지면 백성들도 자연히 화친해질
것입니다. 「등문공상3」

設爲庠序學校하여 以敎之하니 庠者는 養也요 校者는 敎也요 序
者는 射也라 夏曰校요 殷曰序요 周曰庠이요 學則三代共之하니
皆所以明人倫也라 人倫이 明於上이면 小民이 親於下니이다 「滕
文公上3」

상·서·교庠·序·校는 향학, 즉 지방의 학교를 말하며, '학學'

은 국학, 즉 중앙의 대학大學(태학太學으로도 씀)을 뜻한다. 향학은 조대朝代에 따라 이름과 내용이 다소 변화가 있었던 것으로 보이지만 국학은 변화가 없었다고 한 것이다. '양로養老'라 함은 경대부卿大夫 이상을 지낸 퇴직관리가 교육을 맡는 제도를 말한다.

학교에서는 무엇을 가르쳤는가? 이들 교육기관에서의 교육이념은 궁극적으로는 '인륜을 밝히는 것(明人倫)'이었다. 인륜이란 사람과 사람 사이의 필연적인 관계와 행위 규범을 의미한다. 가장 대표적인 것은 '오륜五倫'이다. 한 나라의 기초적인 단위는 가정이며 가정은 남자와 여자라는 이성간異性間의 결혼(夫婦有別)을 통해 이루어진다. 결혼을 하면 자연스럽게 자녀가 생기고 어버이와 자녀 간의 관계(父子有親)가 형성되며 형제간에는 장유長幼에 따라 순서(長幼有序)가 있게 된다. 자녀는 사회에 나가면 국민의 한 사람으로서 국가(군왕)에 대한 책무(君臣有義)가 있다. 아울러 친구 간에는 신의를 지켜야(朋友有信) 하는 사회적 규범이 있다.

우리는 어차피 사회적 생활을 한다. 사회생활의 시작은 가정의 부부로부터 비롯된다. 전혀 남남이었던 남녀가 만나 함께 살면서 참으로 다양한 삶의 형태를 보여준다. 인생에서 금슬 좋은 부부가 되는 것만큼 중요하고도 가치 있는 일은 아마도 없을 것이다. 부부 간의 금슬은 자녀 교육에서 역시 가장 중요한 본보기가 된다. 이들 자녀들은 대체로 원만한 사회생활을 할 것이라는 믿음을 가질 수 있다.

부부 간의 불협화음은 자녀에게 영향을 미치고 그 자녀들은 사회에 영향을 주게 된다. 이렇게 보면 개인이나 국가에 가장 중요한 것은 인륜의 규범이며 이러한 규범은 가정으로부터 시작된다고 할 수 있다. 결국 가정과 사회와 국가는 하나로 연결된 구조 속에서 질서와 조화를 유지하는 것이다. 화목하지 못한 가정이 많으면 사회적 문제도 많고 아울러 나라가 복잡해진다. 인륜은 개인에게는 삶의 품위와 가치를 높여주며 국가에는 나라의 안녕과 조화의 근원이 되는 것이다.

우리나라는 고구려 시대에 태학太學을 세우고 중국의 고전들을 가르쳤다는 기록이 『삼국사기三國史記』에 보인다. 그 후로 국자감國子監 또는 성균관成均館 등으로 개칭되면서 조선 후기까지 국학의 기능을 하며 약 2000년을 헤아리는 역사를 이어 왔다. 지금도 성균관대학교 안에 있는 유적에서 그 자취를 찾아볼 수 있다. 아울러 지방에는 이의 축소형태의 '향교鄕校'라는 관학官學이 있어 지방교육을 담당하였다. 이들 학교의 강학당을 '명륜당明倫堂'이라 했는데 이것은 교육이념인 '명인륜明人倫'을 뜻한 것이다.

명인륜은 과거 2000여 년에 이르는 교육의 이념과 목표를 구체적이고도 집약적으로 나타낸 말이다. 국가와 사회에 이보다 더 중요한 것이 있을 수 없다. 아무리 재물이 풍부해도 함께 사는 사회가 아니라면 의미가 없다. 함께 공유하는 사회의식이 없다면 개인도 행복해질 수 없는 일이다. 우리의 현대 교육과 비교를 해보면 더욱 선명한 차이를 느낄 수가 있다.

우선 우리의 교육현장에는 뚜렷한 교육의 이념이 보이지 않는다. 16년에 이르는 공교육의 현장에는 오직 시험만 보인다. 시험의 폐단을 없애기 위해 중고등학교의 입시 시험을 없앴고, 대학 입시도 온갖 다양한 방법을 만들어냈지만 시험은 사라지지 않고 학생들은 여전히 시험에 혹사당하고 있다. 중고등학교의 교육은 사립학원에서 대행하는 것처럼 보인다. 오직 대입을 목표로 하며 학원이 이를 주도적으로 담당하고 있는 것이다.

대학의 교육은 정부나 대학 모두가 드러내놓고 직업교육을 표방한다. 이렇게 보면 우리의 교육은 한마디로 직업교육이라 할 수 있다. 그렇다면 왜 16년씩이나 하는가? 직업교육을 이렇게 오래 한다는 것은 타산이 맞지 않는다. 은행 창구나 동사무소 민원 업무를 담당하는 데 16년의 교육기간이 필요한가? 그것도 대학을 졸업하면서 바로 은행이나 공무원시험에 합격하는 것도 아니다. 몇 년씩이나 추가로 더 준비해도 만만치 않은 상황이다.

우리가 학교에서 배운 것을 뒤돌아보며 하나씩 꼽아본다면 어떨까? 수학을 너무 많이 배우지는 않았는가? 우리 인생에서 대부분은 사칙연산四則演算만으로도 충분하지 않던가? 화학이나 물리도 그렇다. 우리는 과연 국민 모두가 영어를 해야 하는가 하는 것도 의문이다. 그리고 우리는 중고등학교 때 영어에 투자한 시간을 생각하면 영어를 너무도 못한다. 우리의 시간 낭비는 생각해보면 땅을 치며 통탄할 만하다.

우리는 학교에서 가장 중요하고도 필요한 덕목을 가르치지 않는다. '인仁'은 인간의 최고 가치 이념이다. '의義'는 인간의 사회적 행동양식의 규범을 말한다. 인한 사람이 되어 의롭게 사는 것은 곧 가장 가치 있는 삶이 되는 것이다.

그러나 인의는 저절로 얻어지는 것도 아니며 또한 관념으로 배워지는 것도 아니다. 구체적인 삶의 방식을 통해 체득되는 것이다. 그래서 학교를 세우고 인륜을 중시했다. 인의는 곧 인륜을 통해서 깨닫고 배워지기 때문이다. 사람만이 인의로 살아가며, 인간 사회는 언제나 인의가 바탕이 되어야 하는 것이다.

14. 훌륭한 사람과 벗하라

고을의 인재는 고을의 인재와 벗하고, 나라의 인재는 나라의 인재와 벗하며, 천하의 인재는 천하의 인재와 벗한다. 천하의 인재와 벗해도 부족하다면 다시 위로 옛날 사람들을 찾아볼 수 있다. 그 사람들의 시를 낭송하고 그들의 책을 읽으면서 그 사람은 몰라도 되는가? 그런고로 당시의 시대를 알아야 옛 사람과 벗할 수 있을 것이다. 「만장하8」

一鄕之善士는 斯友一鄕之善士하고 一國之善士는 斯友一國之善
士하고 天下之善士는 斯友天下之善士니라 以友天下之善士로
爲未足하면 又尙論古之人하나니 頌其詩하며 讀其書하되 不知
其人이 可乎아 是以로 論其世也니 是尙友也니라 「萬章下8」

사람은 누구나 사회생활을 하며 많은 사람들과 교류를 하
면서 살아간다. 그중에서 때로는 특정인들과 특정의 인간관
계를 맺기도 한다. 유유상종類類相從이라는 말이 있다.

전국시대 제나라에 순우곤淳于髡, B.C. 386?-B.C. 310이라는 대부
大夫가 있었는데, 선왕宣王이 인재를 추천하라 했더니 하루 만
에 7명을 추천했다. 왕이 세상에 인재가 많지 않은데 어떻
게 한 번에 7명씩이나 추천을 할 수 있느냐고 물었다. 이에
그가 대답했다.

"인이군분, 물이류취人以群分, 物以類聚(사람은 끼리끼리 모이며 사
물은 부류끼리 함께한다)"라는 말이 있습니다. 새들은 같은 부
류끼리 모여 살고, 짐승들도 같은 부류끼리 생활을 합니다.

만물이 모두 같은 부류끼리 모여 삽니다. 저는 현사賢士들과 어울리는데 그들은 모두 덕망이 높고 재주와 지혜가 비범합니다. 지금 왕께서 저한테 인재를 찾아오라 하신 것은 마치 강에서 물을 뜨거나, 부싯돌로 불을 일으키는 것처럼 쉬운 일입니다. 왕께서 이상하게 여기실 일이 아닙니다. 제 주변에는 인재가 이 7명만이 아니며, 계속 더 천거해드릴 수 있습니다.

『논어』에서 "멀리서 친구가 찾아오니 즐겁지 아니한가(有朋自遠方來不亦樂乎)"라 한 것은 비슷한 뜻을 가진 사람들의 인간관계를 의미한다. 여기에서의 친구는 "학문으로 친구를 사귀고 친구를 통해 인덕仁德을 쌓는다(以文會友, 以友輔仁)"의 친구를 말한다. 학문(文)이란 옛 성현들의 글, 즉 경전經典을 뜻하며, 아울러 힘써 이를 배워 익히는 것을 학문이라 했다. 주된 내용은 인의를 통해 인간의 절대가치를 체득하는 것이라 할 수 있다.

내가 왜 살며 나는 어디에서 생의 의미를 찾아야 하는가? 이런 물음에 대해 학문을 통해 답을 찾는다. 그러나 그게 쉬운 일이 아니어서 같은 길을 가는 친구들에게서도 도움을 받는 것이다. 가령 누구나 『논어』를 보는 것이 아니다. 그러나 『논어』나 『맹자』를 보는 사람들과는 서로 뜻이 통한다. 서로 학문을 하는 목적과 방법이 같기 때문이다. 서로가 서로의 깨달음을 격려하고 존경하면서 서로의 정情도 돈독해진다. 이러한 친구라면 언제라도 반가울 것이다.

이러한 학문에 뜻을 두고 정진하는 사람은 결국 이러한 사람을 친구로 사귈 수밖에 없다. 그러나 우리 현실에서 이렇듯 함께 인덕仁德을 도모할 친구를 찾기가 쉽지 않다. 이럴 때에는 우리는 고전으로 눈을 돌려볼 필요가 있다. 특히 동양의 고전은 오랜 세월에 걸쳐 마르지 않는 지혜의 원천이 되어왔다. 고전을 음미하면 자연스럽게 옛 성현들과 교감하게 되고 아울러 인생의 절대가치를 체득하는 지혜를 배우게 된다. 우리는 재물로 이런 가치를 사지 못하며 오히려 재물은 우리의 눈을 가려 지혜를 찾지 못하게 할 뿐이다.

뜻을 함께할 수 있는 친구를 사귀는 것은 인생의 동반자를 만나는 것과도 같다. 그러나 우리의 현실에서 이것도 쉽지가 않다. 사람들은 여러 형태의 모임을 만들어 동류同類 의식을 교감한다. 학교의 동문동창회나 고향의 동향회 등은 지역을 매개로 해서 만들어지는 모임이고, 산악회나 동호회 등은 서로의 공통적인 취미나 기호에 따라 결성되는 모임이다. 서로 간에 공통적인 부분들을 찾아 특별한 유대관계를 형성하는 것은 적극적이고도 풍요로운 사회생활을 하는 데 도움이 된다.

그러나 대부분은 잠시의 즐거움이나 서로의 편의를 위한 집단인 경우가 많다. 때로는 집단이기주의로 흘러 공공의 적이 되기도 한다. 예전에 군대에 하나회라는 조직이 있어 구설에 오른 일이 있다. 우리 사회에는 수많은 이익단체들이 있다. 가령 의사회나 약사회 또는 한의사회 등은 서로의 이익이 상충할 때마다 전국적인 시위도 불사한다. 대부분의 이익단체들은 직업에 대한 긍지를 갖고 훌륭한 직업인이 되기 위해 노력하기보다는 단지 자신들의 이익을 추구하는 영업 활동을 한다. 사회적인 약자가 훌륭한 변호사를 만나기가 쉽지 않고, 병으로 병원을 찾는 환자가 훌륭한 의사를 만나기가 역시 어려운 것이 우리의 현실이다.

제약회사나 병원은 치료와 이윤 중에서 과연 무엇을 더 우선으로 할 것인가? 처음부터 이윤을 창출하기 위해 세운 기업인데, 병에 걸린 환자를 상대로 한다 해서 과연 인술仁術을 기대하거나 요구할 수 있을 것인가? 현대인은 현대의학으로 살기도 하지만 죽기도 한다. 의사가 일반 환자에게 내리는 처방을 자기 자신에게도 똑같이 할 것이라고 생각하는 환자는 별로 없을 것이다. 『의사는 수술을 받지 않는다(김현정, 느리게읽기, 2012)』라는 책이 있는가 하면, 『병원에 가지 말아야 할 81가지 이유(허현회, 맛있는책, 2012)』라는 책도 있다. 환자가 되면 병보다도 현대자본의술의 마수魔手가 더 무서운 것이 현실이다. 여기에는 물론 각 이익단체들의 보이지 않는 조직의 힘이 작용한다.

지금의 모임이나 단체는 대체로 이러한 현실적인 이익을 목적으로 결성된다. 개인보다는 집단으로 조직이 되면 위력이 그만큼 커지기 때문이다. 이러한 조직은 자신들의 이익이 된다면 공공의 해악도 개의치 않는다. 그래서 시민단체가 우후죽순처럼 생겨나지만 시민단체라 해서 꼭 순수한 것만은 또한 아닐 것이다.

현대인은 외롭다. 우리나라가 자살률이 세계 1위라는 것도 이와 무관하지 않다. 현실적인 이익만을 매개로 사람과 교유하다보니 인간적인 만남을 통해 정서적 교류를 할 수 있는 기회가 거의 없기 때문이다. 심지어는 동호인의 모임이라 하더라도 취미활동에 국한된 교류를 할 뿐이다. 가령 산악회는 등산 때만 만나고, 테니스클럽은 테니스장에서만 만난다.

대부분의 사람들이 현실적으로 바쁜 생활을 영위하면서 막상 서로의 품성과 인격의 도야에 도움을 줄 수 있는 교류를 할 만한 여유가 없다. 결국은 홀로 고전을 통해 옛날 사람들과의 교감을 찾는다. 최근 들어 고전에 대한 관심이 높아지고 있는 것이 바로 이러한 연유에서라고 보인다.

15. 욕심은 자신을 해친다

마음을 수양하는 데에는 욕심을 줄이는 것보다 좋은 것이 없다. 사람의 됨됨이가 욕심을 부리지 않는다면 비록 본래의 순수한 마음을 잃는다 해도 잃는 부분이 적을 것이요, 사람의 됨됨이가 욕심을 부린다면 본래의 순수한 마음이 남아 있다 해도 적을 것이다. 「진심하35」

養心은 莫善於寡欲하니 其爲人也 寡欲이면 雖有不存焉者라도
寡矣요 其爲人也 多欲이면 雖有存焉者라도 寡矣니라 「盡心下35」

잘사는 나라 사람들이 건강을 잃는 이유는 대체로 못먹어
서가 아니고 너무 먹어서이다. 사람은 입을 통해 음식을 섭
취하며 생명을 이어간다. 그러나 그 입으로 너무 많이 먹어
오히려 생명을 단축시킨다. 우리는 자연의 음식을 그대로
섭취하는 것이 아니고 자꾸 가공을 하여 입의 즐거움을 추
구한다. 그러다보니 필요 이상으로 많이 먹게 되는 것이다.

  만약에 우리가 다람쥐처럼 굴 속에서 미리 저장해둔 도토
리나 밤으로 겨울을 나야 한다면 어찌 될 것인가? 많은 사람
들이 밤낮으로 온갖 요리를 해먹으며 식량은 한 달이 못 가
서 다 떨어질 것이 분명하다. 다람쥐는 과연 사람보다 더 현
명해서 식탐을 자제하며 치밀하게 정해진 식사량으로 여유
있게 기나긴 겨울을 나는가? 여기에는 사람과 짐승이 크게
다른 점이 있다.

  옛날 어떤 사람의 군대 이야기다. 특수훈련이었는지 2인
1조가 되어 눈 덮인 산에서 아무 식량도 없이 2박 3일을 보

내야 하는 상황이었다 한다. 먹을거리를 찾다가 한 사람이 땅 위의 한곳에 눈이 녹아 있는 것을 보고 구덩이를 파는 것이었다. 파다보니 땅 속에 동면을 하고 있는 뱀 무더기가 보였다.

그 친구는 군대에 오기 전에 시골에서 이러한 경험이 있었던 것이다. 둘은 사흘 동안의 충분한 식량자원을 확보했고 훈련이 끝나고 차에 오를 때는 얼굴에 기름기가 흘렀다 한다. 그러나 아무리 그렇다 해도 두 군인은 식사를 그렇게 즐길 수는 없었을 것이다. 경험이 있었던 사람은 그렇다 해도 다른 사람은 허기를 면하고 나면 다시 보고 싶지 않은 음식이었을 수도 있다. 별로 친숙하지 않았던 음식 재료를 가공도 못 하고 그대로 먹어야 했던 그들은 과식 걱정 없이 필요한 만큼만 섭취했을 것이다.

사람이 다람쥐와 다른 것은 사람은 음식을 가공할 줄 안다는 것이다. 결국 그 가공 기술이 자신의 입을 혼란스럽게 해서 식탐을 일으킨다는 부작용이 있지만 사람은 다람쥐보다 머리가 좋다. 그 군인들도 조리할 기구만 있었다면 할 일 없는 사흘 동안 온갖 요리를 다 했을 것이다. 지금 우리에게 음식은 본래의 의미를 벗어나 탐욕의 대상이 되어 있다. 우리도 본래는 음식을 탐하지 않고 필요한 만큼만 취했던 적이 있었다. 지금도 지구의 다른 쪽에서는 사람들이 식량이 없어 굶어죽고 있지만 우리는 식탐으로 스스로의 건강까지 망친다.

고려시대 이자겸李資謙, ?-1126이라는 사람이 있었다. 그의 둘째 딸이 예종睿宗의 왕비였는데, 예종이 붕어하고 어린 세자 인종仁宗이 즉위하자 셋째 딸과 넷째 딸을 연이어 왕비로 들였다. 외손자에게 이모들을 결혼시켜 친자매를 시어머니와 며느리 사이로 만들기까지 그의 욕심은 끝이 없었고 결국 그는 비참한 최후를 맞았다.

진락공眞樂公 이자현李資玄, 1061-1125 선생은 이자겸의 사촌이었다. 공公은 27세에 부인과 사별하자 바로 벼슬을 버리고 청평산淸平山의 문수원文殊院에 들어가 수양을 하였다. 예종睿宗 임금은 그를 등용하고 싶었으나 공이 응하지 않자 임금은 남경南京(지금의 서울)으로 가서 그를 불렀다. 임금께서 공에게 수신양성修身養性의 방법을 묻자 그는 바로 『맹자』의 이 구절을 인용하면서 "본성을 수양하는 데는 욕심을 줄이는 것만

한 것이 없다 했으니 폐하께서는 여기에 유의하시옵소서"라
는 답을 올렸다.

　살자고 먹는 음식으로 거꾸로 자신의 생명을 해치는 동물
은 이 세상에서 아마도 인간밖에 없을 것이다. 세상의 인간
사人間事 모두는 우리가 서로 화목하게 잘 사는 것을 목적으
로 있는 것이다. 그러나 온갖 욕심으로 얽히다보니 세상 가
는 곳마다 힘든 일뿐이다. 심지어는 내 행복을 위해 돈을 벌
고 출세를 했지만 모두가 거꾸로 불행의 원인이 되고 있다.
생명의 동력이 되는 음식이 너무 먹으면 오히려 생명을 버
리게 되는 것처럼, 살아가는 데 필요한 재물도 너무 욕심을
부리다보면 결국은 인생을 망치게 되는 것이다.

16. 세상에서 힘든 사람들

늙어 아내가 없으면 홀아비鰥라 하고, 늙어 남편이 없으면 과
부寡라 하며, 늙어 자식이 없으면 독獨이라 하고, 어려서 부모
가 없으면 고孤라 합니다. 이 네 부류의 사람들은 천하의 곤궁
한 사람들로 하소연할 곳도 없는 사람들이니 문왕께서 인정

을 펴실 때 이 네 부류의 사람들을 우선으로 돌보시었습니다.
「양혜하5」

老而無妻曰鰥이요 老而無夫曰寡요 老而無子曰獨이요 幼而無父

曰孤니 此四者는 天下之窮民而無告者어늘 文王이 發政施仁하

심에 必先斯四者하시니이다 「梁惠下5」

세상에는 살기 어려운 사람들이 많다. 우리나라는 하루
약 42명꼴로 자살을 하며 이는 세계에서 가장 높은 비율이
라고 한다. 더 이상 살아갈 희망이 없다고 판단되면 선택하
는 최후의 길이다. 스스로가 자초한 어려움도 있겠지만 우
리의 사회가 그렇게 몰아가는 경우도 많다. 성적비관과 같
은 어린 학생들의 자살은 대체로 사회적 환경에서 기인한다
고 볼 수 있다.

예로부터 이러한 개인적 불행에 대해 나라에서도 특별한
배려를 하고자 했다. 우리나라에서도 『조선왕조실록』에는
이러한 배려의 기록이 도처에서 보인다.

"강원도 경차관敬差官이 추천한 나이 30세가 지나도록 미혼인

여자 12명을 각 고을에서 수매收買한 물품으로 혼수婚需를 보태주어 금년 안에 성혼成婚을 시키는 것이 어떠하겠습니까?" 하니 임금이 그대로 윤허하시었다. 「太宗14年5月7日」

강원도 경차관 황보인皇甫仁이 아뢰기를, "환과고독鰥寡孤獨은 풍년에도 남에게 얻어먹고 사는데, 금년에는 입에 풀칠조차 할 수 없으니 8월 그믐날까지 구제하게 하소서" 하니, 그대로 윤허하시었다. 「世宗4年8月25日」

30이 넘도록 결혼을 하지 못한 처자의 심정을 다른 사람이 알기 어렵다. 나라에서는 여기에 혼수를 보태주어 성혼을 시키겠다는 것이다. 아울러 환과고독에게 식량을 지원해야 한다는 사연 또한 절절하다. 현대의 소득이 없는 사람을 지원하는 복지정책하고는 성격상 다소 다르다.

생물의 한 생애는 단지 번식 하나의 의미로 귀결된다. 생존과 번식 이외의 일은 부수적인 것들로 사소한 일들이다. 옛날 사람들은 자연의 이치를 크게 중시했다. 결혼적령기를 넘긴 남녀는 사회적으로 자신의 설자리가 없다. 살아도 사는 의미를 찾을 수가 없는 것이다. 그래서 나라에서 혼수를 지원하면서까지 결혼을 시켜준 것이다. 결혼을 했지만 다시 혼자가 되는 수도 있다. 사별을 했거나 이혼을 한 경우들이다. 살림이 궁색할 것이니 역시 구호의 대상이다. 또한 부모 없는 천애의 고아들 역시 세상에서 가장 불행한 부류의 사람들이다. 국가는 해마다 이들 모두의 정황을 살펴 배려해 준 것으로 나타나 있다.

현대의 사람은 과연 이와 다른가? 현대인은 일도 많고 무척 바쁘다. 그래서 무엇이 더 중요한 일인지 우선순위를 가리기가 혼란스럽다. 결혼은 종종 사회생활의 걸림돌이 되기도 하며 특히 여자의 경우는 결혼 전과 결혼 후의 생활이 크게 달라진다.

우리 사회는 현재 이러한 부작용의 후유증을 그대로 앓고 있다. 저출산율이 세계 1위이며, 2012년 한 해에 약 33만 쌍이 결혼했지만 11만 쌍이 넘는 부부가 이혼을 하여 이혼율 또한 1위라 한다. 아이가 없는 부부는 온갖 고생을 하며 아이를 원하는데 정작 아이를 가질 수 있는 부부들은 아이 낳는 것을 기피한다. 헤어진다고 해서 크게 좋아지는 상황이 아니라 해도 우선 헤어지고 본다. 현대인에게 결혼이나 아이를 갖는 일은 크게 뒤로 밀리고 있다.

현대에서 환과고독은 너무도 흔하다. 그래서인지 결혼을 못 한 노총각이나 노처녀를 정부에서 도와주지는 않는다. 과부나 홀아비가 되었다 해서 도와주는 일도 없다. 우선 본인들이 힘들어 하지도 않거니와 갈수록 많은 사람들이 결혼을 선택사항으로 생각하는 추세이다. 아이를 가지면 자신들의 인생에 방해가 된다고 생각하는 경향도 갈수록 커지고 있다. 우리는 조선시대의 끝에서 이제 겨우 100년이 지났는데 우리의 생각은 실로 크게 변화했다. 이러한 세대 간 사고의 격차가 사회 분열의 원인으로 작용하기도 한다.

2011년 4월 영국 윌리엄William 왕자의 결혼식이 있었다. 그 자리에 왕자의 어머니는 없었다. 그의 어머니 다이애나Diana 는 1997년 교통사고로 사망했다. 두 아들과 남편이 있는 왕궁을 이혼으로 떠난 지 1년 만이었다.

영국의 역사에서 그로부터 약 460년을 거슬러 올라가면 아들을 낳지 못해 처형당한 왕비 앤Ann Boleyn의 생애를 보게 된다. 앤은 헨리Henry 8세의 이혼 요구를 거절하고 1536년 사형을 받았다. 이렇게 자신의 왕비 지위를 지켜낸 덕분에 딸 엘리자베스Elizabeth는 후에 여왕이 되어 45년1558~1603 동안 영국을 통치하면서 영국의 역사에서 가장 찬란했던 시대를 열었다.

단지 아들을 낳지 못했다는 이유로 처형되어야 했던 시대로부터 두 아들을 두고도 자신의 인생을 찾기 위해 왕궁을 떠난 세자비 사이의 4세기가 넘는 세월은 사람의 가치기준을 크게 바꾸어 놓았다. 이 두 여인의 가치판단 기준의 차이가 곧 현대 우리와 조선시대의 차이라고 할 수 있을 것이다. 서양의 영향을 받으면서 우리도 그들과 똑같이 변화해가고 있는 것으로 보인다.

17. 노총각이나 노처녀가 없는 나라

나는 여자에게 빠져서 왕정에 소홀히 하는 병폐가 있습니다. 맹자가 이르되, "옛적에 태왕太王께서도 여자를 좋아하여 왕비인 강씨姜氏를 사랑하시었습니다. 『시경詩經』에 이렇게 말했습니다. '고공단부께서 날이 밝기도 전에 말을 타고 서쪽의 강가를 따라 기산岐山 아래에 이르셨습니다. 그런데 왕비와 동행하시어 거주하실 곳을 함께 돌아보시었습니다.' 이때에는 안으로는 시집을 못 가 원망에 찬 처자도 없었고, 밖으로는 장가를 못가 허송세월하는 총각도 없었습니다. 왕께서 여자를 좋아하시면서도 백성과 함께하시면 왕정을 펴시는 데 무슨 어려움이 있겠습니까?"「양혜하5」

寡人이 有疾하니 寡人은 好色하노이다 對曰 昔者에 大王이 好色하사 愛厥妃하시더니 詩云 古公亶父 來朝走馬하사 率西水滸하여 至于岐下하심에 爰及姜女로 聿來胥宇라 하니 當是時也하여 內無怨女하며 外無曠夫하니 王如好色이어시든 與百姓同之하시면 於王에 何有리잇고「梁惠下5」

제나라 선왕宣王의 어진 왕정에 관한 문답 끝에 나온 말이다. 선왕이 자신은 여자를 좋아해서 백성들에게 잘하기가 어렵다는 말을 했다. 이에 맹자는 고공단부의 예를 들어 설명을 했다. 고공단부는 문왕文王의 조부였다. 상商나라 때 주周의 민족을 이끌고 기산岐山 아래의 주원周原으로 이주하여 주나라의 기초를 닦았으니 주나라의 시조始祖라 할 수 있다.

위의 이야기는 단부가 새로 이주할 곳을 찾기 위해 기산岐
山을 둘러보던 정경을 노래한 것이다. 그는 이주할 곳을 혼
자가 아니고 부인을 대동하여 함께 둘러보았다. 이는 부인
을 그만큼 존중하고 아꼈다는 의미로 보인다. 험하고 먼 거
리에 여인과 동행하는 것이 귀찮고 힘들 터인데 이를 마다
하지 않고 함께했다는 것은 부인에 대한 각별한 존중과 배
려를 나타낸 것이라 할 수 있다.

이 이야기는 당시의 가정생활이나 남녀관계가 상당히 이
상적이었음을 상징한 것으로 보인다. 늦도록 결혼하지 못
한 여성을 '원녀怨女'라고 한 것은 지금의 '노처녀 히스테리'
를 연상시킨다. 세상이 원망스러운 사람은 많겠지만 아무
래도 노처녀만큼은 아니었을 것이다. 노총각을 '광부曠夫'로
나타낸 것은 밖에서 방황하는 모습으로 비쳤기 때문이었을
것이다.

예로부터 인생에서 원초적으로 가장 중요한 일로 관·
혼·상·제冠·婚·喪·祭를 꼽았다. 그중에서도 결혼은 사람이
살아서 이루어야 할 가장 중대한 일이다. 가정을 꾸린다는
의미에서 '성가成家'라고도 한다. 남자와 여자는 장성하면 서

로의 배필을 찾아 함께 가정을 이루는 것이 자연의 섭리이다. 여기에서 이탈된 사람들은 평생 다른 무엇으로도 채워지지 않는 박탈감을 털어내기 어려울 것이다. 고공단부의 시대에 이러한 불행한 사람들이 없었다는 것은 그만큼 위정자가 백성들의 가장 중요한 일을 챙겨서 부족함이 없도록 해주었다는 의미일 것이다. 특히 단부는 스스로가 부인에게 세심한 배려를 함으로써 결혼의 아름다운 모범을 보여준 것이다.

현대인이 결혼을 필연의 운명으로 선뜻 받아들이지 않는 이유는 물론 여러 가지가 있지만, 사람들의 원만하지 못한 결혼생활도 큰 원인으로 작용한다. 즉 자신이 결혼했을 때 반드시 행복할 것이라는 믿음을 갖기가 어려운 현실이다. 자신의 주위에서 결혼으로 행복한 사람보다 오히려 불행한 사람들이 더 많아 보인다. 사실 우리 사회에서 사람들한테 결혼에 대한 의욕을 돋아줄 만큼 아름다운 부부애의 정경은 쉽게 눈에 띄지 않는다. 언론에는 매일 끔찍하고 혐오스러운 소식들이 가득할 뿐 긍정적이고 격려가 될 만한 이야기는 거의 찾아보기 어렵다.

사회의 풍조가 위의 고공단부에서 보이듯 위에서 아래에 이르기까지 모두 원만한 가정생활을 한다면 결혼에 대해 불안해 할 이유가 없다. 어려서부터 집에서 부모님들의 아름다운 모습을 보면서 자랐다면, 그리고 친구 집에 가서도 같은 모습을 보고 사회적으로도 화목한 가정들이 주류를 이루고 있다면 사람들은 오히려 결혼을 서둘러 하려 할 것이다. 혼자 사는 것보다 훨씬 좋아 보일 것이기 때문이다.

옛날에는 부모가 자녀의 결혼을 주도했기 때문에 그나마 결혼 자체에는 별 문제가 없었다. 그러나 현대는 당사자가 직접 선택을 하는 상황에서 결혼에 대한 불안감이 선택을 더 어렵게 하고 있다. 잘못하면 안 하니만 못하다는 인식이 강한 것이다. 그래서 백화점에서 옷을 사듯이 자신의 이상형을 그려두고 이와 비교하다보니 많은 사람들이 아예 결혼 시기를 놓쳐버린다.

고공단부는 당시 '희姬'씨氏 성姓 씨족의 지도자였다. 원만한 사회는 원만한 가족으로부터 비롯된다는 것을 몸소 보여주었다고 할 것이다. 맹자는 이를 통해 가정이 나라의 근간이라는 것을 말하고자 했다고 보인다.

18. 사람과의 화목이 가장 크다

하늘의 때天時는 땅의 유리함地利만 못하고, 땅의 유리함은 인화人和만 못하다. 사방 3리인 내성內城과 7리인 외성外城의 조그마한 성채지만 이를 포위 공격으로도 함락시키지 못하는 수가 있다. 포위해서 공격을 하다보면 반드시 하늘이 도울 때도 있는데 이기지 못하는 것은 천시天時가 지리地利만 못하기 때문이다.

성이 높지 않은 것도 아니요, 성호城壕(적의 접근을 막기 위해 성벽을 따라 파놓은 연못)가 깊지 않은 것도 아니며, 무기나 갑옷이 좋지 않아서도 아니고, 곡식이 충분치 못해서도 아니다. 그런데도 성을 버리고 도망하는 것은 지리가 인화人和만 못하기 때문이다. 그런고로 옛말이 있다. "백성은 나라의 경계로 묶어두지 못하며, 나라는 산과 계곡의 험함으로 지켜지는 것이 아니고, 천하에 위세를 떨치는 것도 병기와 갑옷으로 이루어지는 것도 아니다." 인정을 베풀면 돕는 사람이 많지만 그렇지 못하면 도와주는 사람도 적다. 도와주는 사람이 극도로 적어지면 친족까지도 배반하게 된다. 도와주는 사람이 극도로 많아지면 천하의 모든 사람이 따르게 되고, 배반하는 친족을 도리어 공격하니 군왕은 아예 전쟁을 하지 않거나, 전쟁을 하면 반드시 승리하게 된다. 「공손추하」

天時不如地利요 地利不如人和니라 三里之城과 七里之郭을 環而攻之而不勝하나니 夫環而攻之에 必有得天時者矣언마는 然而不勝者는 是天時不如地利也니라

城非不高也며 池非不深也며 兵革이 非不堅利也며 米粟이 非不多也로대 委而去之하니 是地利不如人和也니라

故로 曰 域民에 不以封疆之界하며 固國에 不以山谿之險하며 威天下에 不以兵革之利니 得道者는 多助하고 失道者는 寡助라 寡助之至에는 親戚이 畔之하고 多助之至에는 天下順之니라 以天下之所順으로 攻親戚之所畔이라 故로 君子有不戰이언정 戰必勝矣니라 「公孫丑下1」

사람은 태어나면서부터 시간과 공간의 조건에 의한 제약을 받는다. 우리나라는 6·25세대가 있고, 4·19와 5·16세대도 있다. 이들 세대는 공통적으로 시대의 고통을 겪어야 했다. 지금은 2030세대 또는 5060세대라고도 한다. 살아온 시

대적 환경이 다른 만큼 선거 때가 되면 정치적 견해나 소신도 다른 것으로 나타난다. 시대의 상황이 바뀌면서 사람도 세대에 따라 생각과 풍속이 다르다.

사람이 거주하는 공간의 조건도 마찬가지이다. '26년'이라는 영화를 보면 당시 광주에서는 단지 광주 시민이었다는 이유로 지울 수 없는 아픔을 겪었다. 같은 나라지만 다른 지역에서는 상상도 할 수 없는 일들이 광주라고 하는 한 지역에서 일어났다. 우리는 이러한 시간적 공간적 제약 속에서 살기 마련이다.

옛날에는 이러한 제약 조건을 천시와 지리로 나타냈다. 크게 보면 시대의 특징으로 귀납할 수도 있겠지만 언제 태어나고 어디에서 생장했는가에 따라 달라지는 차이점도 있다. 그래서 사람들은 시대와 장소에 따라 서로 다른 방식의 인생을 산다.

만약에 같은 사주四柱로 태어난 사람들은 모두 똑같은 운명이라면 천시가 가장 크다 할 수 있을 것이다. 그러나 모두가 그렇지 않다는 것은 다른 요인이 더 크게 작용하기도 한다는 것을 의미한다. 사람은 어찌 보면 시간이나 공간의 조건보다도 인적人的 조건이 가장 클 수도 있다. 우선 부모님에 의해 사람의 인생은 사실상 절대적인 영향을 받을 수 있고, 아울러 배우자가 운명의 절대적 요인이 될 수도 있다. 자신이 선택하는 학교나 직장도 자신의 운명에 크게 영향을 줄 수도 있다.

내 삶의 터는 시간과 공간 그리고 사회적 조건으로 형성된다. 시간과 공간은 기본적으로 내가 어찌할 수 없는 조건들이다. 내가 태어나는 때와 장소는 사실상 내가 선택하는 부분이 아니다. 그러나 사회적 조건은 내 스스로가 능동적으로 만들어갈 수가 있다.

훌륭한 생애를 살았다고 생각되는 사람들은 좋은 사회에서 잘 되었다기보다는 어려운 환경에서 이를 극복하고 노력한 사람들이 많다. 다른 사람들을 위해 헌신한 사람들은 모두 이 사회를 능동적이고 적극적으로 이끌었던 사람들이다. 인의를 바탕으로 한다면 인화는 자연스럽게 이루어지는 것이다. 맹자의 인화는 바로 인의의 실천이라 할 수 있을 것이다.

어찌 보면 인화가 시간과 공간의 제약 조건을 극복할 수 있다는 것을 말한 듯하다. 결국 어떠한 시대에 어떠한 곳에서 태어나더라도 모두 자신의 노력으로 극복해나갈 수 있음을 의미한 것으로 보인다.

19. 사람은 이래서 사람이다

사람은 모두가 사람들에게 매정할 수 없는 마음을 가지고 있다. 선왕들은 매정할 수 없는 마음이 있었기 때문에 사람들에게 매정하지 않은 정치를 하였던 것이다. 사람들에게 매정하지 않은 마음으로 매정하지 않은 정치를 한다면 천하를 손바닥 위에 굴리듯 쉽게 다스릴 수가 있을 것이다. 사람들이 모두 매정하지 않은 마음이 있다고 하는 것은 이러한 이유에서이다. 즉 어떤 사람이 얼핏 어린아이가 우물로 기어가는 것을 보았다면 깜짝 놀라 마음이 아파 달려갈 것이다. 이것은 그 아이의 부모로부터 무얼 바라서가 아니며, 마을 사람들한테서 칭찬을 듣기 위해 하는 것도 아니고, 어린아이의 우는 소리가 싫어서도 아니다. 이로 보면 아픈 마음이 없으면 인간이 아니며, 불선不善을 부끄러워하는 마음이 없으면 인간이 아니고, 사양의 마음이 없어도 인간이 아니며, 옳고 그름을 가리는 마음이 없어도 인간이 아니다.

애통해 하는 마음은 인仁의 본원四端이며, 불선을 부끄러워하는 마음은 의義의 본원이고, 사양의 마음은 예禮의 본원이며, 옳고 그름을 가리는 마음은 지智의 본원이다. 사람에게 이 네 가지의 본원이 있는 것은 마치 자기 몸에 팔다리가 있는 것과도 같다. 이러한 네 본원이 있으면서 이를 실천할 수 없다고 말하는 것은 스스로의 선성善性을 해치는 사람이며, 자신의 군주에게 행할 수 없다고 하는 것은 군주의 선성을 해치는 자이다.

네 가지의 본원이 나에게 있으니 이를 넓히고 채울 줄을 안다면 작은 불꽃이 큰 불길이 되거나 또는 샘물이 강이 되는 것과도 같을 것이다. 즉 채울 줄 안다면 천하를 편하게 하겠지만 채우지를 못해서 없어지게 한다면 부모를 섬기기에도 모자랄 것이다. 「공손추상6」

人皆有不忍人之心하니라 先王이 有不忍人之心하사 斯有不忍人之政矣시니 以不忍人之心으로 行不忍人之政이면 治天下는 可運之掌上이니라 所以謂人皆有不忍人之心者는 今人이 乍見孺子

將入於井하면 皆有怵惕惻隱之心하나니 非所以內交於孺子之父
母也며 非所以要譽於鄉黨朋友也며 非惡其聲而然也니라 由是觀
之컨댄 無惻隱之心이면 非人也며 無羞惡之心이면 非人也며 無
辭讓之心이면 非人也며 無是非之心이면 非人也니라

惻隱之心은 仁之端也요 羞惡之心은 義之端也요 辭讓之心은 禮
之端也요 是非之心은 知之端也니라 人之有是四端也는 猶其有
四體也니 有是四端而自謂不能者는 自賊者也요 謂其君不能者는
賊其君者也니라 凡有四端於我者를 知皆擴而充之矣면 若火之始
然하며 泉之始達이니 苟能充之면 足以保四海요 苟不充之면 不
足以事父母니라 「公孫丑上6」

  사람의 본성은 선善하다. 우물로 기어가고 있는 어린아이
를 보면 누구라도 놀라 뛰어가서 안아 올릴 것이다. 아이가
우물에 빠질 수도 있는 위급한 상황이 되면 아무 생각도 없
이 사람은 본성에 따라 행동하게 되는데 아이한테 뛰어가는
것은 바로 선한 본성으로부터 기인한 것이라는 의미이다.
사람에게는 다른 사람의 위험을 매정하게 모른 체할 수 없
는 본성과 같은 마음이 있다. 이 마음이 곧 인仁을 행하게 하

는 본원이라는 것이다.

2012년 12월 미국의 한 초등학교에서 총기 난사 사건이 일어나 서른 명에 가까운 어린이와 선생님이 희생되었다. 한 젊은이가 자동소총을 들고 초등학교에 들어가 어린이들을 향해 무차별적으로 쏘아댄 것이다. 미국 대통령 오바마는 눈물로 사과문을 발표했고 온 세계가 경악의 슬픔을 나누어야 했다.

그러나 이 사고는 인간의 또 다른 면을 보여 주었다. 교장 선생님은 자신을 던져 어린이를 보호하려 했고, 어떤 선생님은 아이들을 벽장 속으로 숨기고 범인에 맞섰으며 범인에게 돌진한 선생님도 있었다. 모두가 연약한 여성들이었지만 이렇게 용맹스러운 행동으로 어린이를 보호하려고 했던 것은 사람에게는 이러한 선善의 본성이 내재되어 있음을 보여준 것으로 볼 수 있다.

『맹자』에서는 이를 좀 더 구체적으로 나누어 설명을 했다. 즉 남의 불행이나 잘못되는 일에 대해 애통해 하는 마음을 '측은지심惻隱之心'이라 하고, 선한 본성에 위배되는 불선不善을 부끄러워하고 미워하는 마음을 '수오지심羞惡之心'이라 했으며, 내 것을 벗어서 남에게 주는 것을 '사양지심辭讓之心'이라 했으며, 선의 본성에 맞고 안 맞고를 가리는 마음을 '시비지심是非之心'이라 했다. 사람의 마음은 모두 이 네 가지로 집약되는데 이 마음의 본원은 인의예지라는 인간 고유의 품성이라는 것이다.

따라서 사람은 이 사단四端의 마음을 언제나 확충시켜야 한다. 여기에서 불과 샘물을 비유로 하였는데, 불은 처음에 작은 불씨로 시작되지만 타오르면서 걷잡을 수 없이 커진다. 샘물도 흐르면서 냇물이 되고 다시 강물이 되면 막을 수 없게 된다. 사단의 마음도 크게 확충을 하다보면 세상에 자연스럽게 인의예지가 실현되는 것이다. 그러나 확충시키지 않는다면 작은 불씨가 그대로 꺼져버리고 샘물이 마르는 것처럼 사단은 물론 그 본원인 인의예지의 품성까지 고갈될 수 있다는 의미이다.

이러한 마음이나 본성이 왜 고갈되는가? 사람에게는 '식색食色'과 같은 또 다른 원초적인 욕구가 있으며 이로부터 물욕物欲이나 사심私心이 따른다. 이러한 욕심이 본래 선한 본성을 가리는 것이다. 미국은 총기 사고가 자주 발생하는 나라이지만 총기 사용에 대한 규제가 어려운 나라이기도 하다. 총기로 돈을 버는 기업인들의 세력이 막강하기 때문이라고 한다. 사람은 본래 모두가 사단四端의 천성을 갖고 태어나지만 살아가면서 물욕으로 조금씩 자꾸 상실해간다. 반면에 성인이나 군자는 물욕을 버리고 사단을 최대한으로 확충하니 인의예지의 덕이 천하에 미치는 것이다.

20. 직업도 여러 가지이다

화살을 만드는 사람이 어찌 갑옷 만드는 사람보다 불인不仁하다 하겠는가? 다만 화살을 만드는 사람은 자신의 화살이 사람에게 치명적이지 못할 것을 걱정하고, 갑옷 만드는 사람은 자신의 갑옷이 화살에 뚫려 사람을 상하게 할 것을 걱정할 뿐이다. 이것은 사람을 고치는 무당과 죽은 사람을 위해 관을 짜는 장의사도 마찬가지이다. 그러므로 직업의 선택은 신중하지 않을 수 없다.

공자께서 이르셨다. "인仁에 거주하는 것이 아름다운 것이니 인에 거하지 않는 것을 선택한다면 어찌 지혜롭다 할 것인가?" 무릇 인은 하늘이 준 존귀한 작위이며 사람의 편안한 거처인데, 누가 막지도 않건만 불인不仁함은 지혜가 없음이다.

불인하면 지혜가 없고 아울러 예의禮義를 모르게 되니 사람의 일꾼이 될 뿐이라. 사람의 일꾼이 되어 일꾼 노릇하는 것을 부끄러워하는 것은 활 만드는 사람이 활 만드는 일을 부끄러워하고 화살 만드는 사람이 화살 만드는 일을 부끄러워하는 것과 같다. 이것을 부끄러워한다면 차라리 인을 행하느니만 못할 것이다.

인자仁者는 활을 쏘는 사람과 같으니 활을 쏠 때는 먼저 자신을 바로 하고 활을 쏘되 명중하지 않더라도 이긴 사람을 원망하지 않고 자신을 반성할 뿐이다. 「공손추상7」

矢人이 豈不仁於函人哉리오마는 矢人은 惟恐不傷人하고 函人은 惟恐傷人하나니 巫匠도 亦然하니 故로 術不可不愼也니라

孔子曰 里仁이 爲美하니 擇不處仁이면 焉得智리오 하시니 夫仁은 天之尊爵也며 人之安宅也어늘 莫之禦而不仁하니 是는 不智也니라

不仁不智라 無禮無義면 人役也니 人役而恥爲役은 由弓人而恥爲弓하며 矢人而恥爲矢也니라 如恥之인댄 莫如爲仁이니라

仁者는 如射하니 射者는 正己而後發하며 發而不中이라도 不怨

勝己者요 反求諸己而已矣니라 「公孫丑上7」

화살을 만드는 사람과 갑옷을 만드는 사람은 일의 성취도
가 묘한 곳에서 갈린다. 한 사람은 어떠한 갑옷도 뚫고 사람
에게 치명적인 상처를 줄 수 있는 화살을 만들어야 한다. 다
른 한 사람은 어떤 화살도 막으며 사람을 보호할 수 있는 갑
옷을 만들어야 한다. 과연 화살 만드는 사람은 인仁하지 않
다고 할 수 있는가?

사람의 병을 치료해주는 무당은 사람의 치료가 자신에게
득이 된다. 그러나 관을 짜는 장의사에게는 사람들이 죽는
것이 득이 된다. 과연 장의사는 불인不仁하다고 하겠는가?

화살이나 관도 없어서는 안 될 필요한 물건들이다. 다만
사람을 죽이거나 죽은 사람을 위해 사용하는 물건이어서 이
를 만들어 파는 사람들은 엉뚱한 시선을 받아야 한다. 사람
들이 원하는 좋은 물건을 만들지만 다른 쪽에서는 사람들의
불행에 의존해 사는 달갑지 않은 직업인들로 분류되는 것이
다. 특히 이러한 직업을 돈벌이 목적으로 선택했다면 평생

사람들의 왜곡된 시선을 받으며 일을 하게 될 것은 분명하다. 이런 일은 돈벌이가 아니고, 사명감이나 자신의 특별한 적성으로 하기에 알맞은 직업이다.

직업의 선택은 신중하지 않을 수 없다. 갑자기 불행을 당한 사람들을 상대로 이득을 취하는 것은 본의 아닌 오해와 부담을 자초하는 꼴이 된다. 실컷 일을 해주고서도 욕을 먹는다. 우리는 일반적으로 돈벌이가 잘되는 직업이 좋다는 생각이다. 옛날의 사농공상士農工商이 지금은 거의 거꾸로 되어 있다. 현대는 상업 쪽이 벌이가 가장 좋은 것이다. 그러나 우리가 돈벌이를 잠시 젖혀놓고 직업별 특성을 살펴본다면 우리에게 적합한 직업의 순위는 크게 바뀔 수도 있다.

가령, 상업 분야는 대체로 판매차익을 수익으로 하는 일이다. 한마디로 싸게 사서 비싸게 팔아야 하는 것이다. 한 회사에서 영업수익이 크게 났다고 한다면 바로 이런 판매차익을 크게 남겼다는 의미이다. 이것을 좁혀서 만약에 내가 내 형제들을 대상으로 이런 차익을 남겼다면 과연 좋은 일이 될 수 있는가? 물론 회사는 사회에 일자리를 창출하고 상품의 제조와 유통을 도와주는 기능도 한다. 그러나 회사의 존립은 기본적으로 판매 차익에 있는 것이다. 이러한 직업은 결국 화살을 만들거나 관을 짜는 직업과도 비슷한 면이 있다. 자신의 직업이 부끄럽게 느껴질 수도 있다는 것이다.

이러한 시각에서 본다면 현대사회에서 자신이 떳떳하고 보람 있는 일을 하고 있다고 자부할 수 있는 직업은 별로 많지 않을 것이다. 우리나라의 대기업은 좋은 일보다는 좋지 못한 일로 신문에 보도되는 경우가 더 많다. 가령 기업의 세금포탈은 비자금과 함께 거의 모든 기업에 만연된 현상으로 보인다. 기업의 세무조사를 줄이겠다는 대선 공약이 나올 정도다. 즉 기업은 세무조사를 두려워할 만한 숨겨진 비밀이 있다는 것으로 풀이된다. 기업인들의 성공담은 많지만 덕행과 관련된 얘기는 별로 들리지 않는 것이 우리의 현실이다. 그러한 기업에서 일을 한다는 것이 부끄러운 일이 될 수도 있다.

직업은 단지 돈벌이의 수단이 될 수는 없다. 자신의 일에 대해 보람을 느낄 수 있어야 할 것이다. 가령 활을 쏘는 사람은 우선 자신의 마음과 몸을 바르게 한다. 정신을 활에만 집중을 하고 사심을 버린다. 스스로가 최선을 다할 뿐이지 결과에 연연하지 않는다. 직업도 마찬가지이다. 자신의 최선을 다해 일을 하며 그것으로 보람을 찾을 수 있는 직업이면 바로 좋은 직업을 선택한 것이다. 자신의 직업을 수익이나 돈으로 바꾸는 수단으로 선택한다면 언제나 만족을 얻지 못하고 일은 일대로 힘들 것이다.

이렇듯 직업을 잘못 선택하는 것은 엉뚱한 사심이나 물욕 때문이다. 남보다 더 큰 이익을 취하려 하지 말고, 단지 본래의 선한 본성에 따라 일을 한다면 몸과 마음이 편해질 수 있다는 논리이다. 즉 우리의 심신이 편안해질 수 있는 곳은 인과 함께하는 곳뿐이다.

21. 명인은 스스로가 되는 것이다

목수의 일이나 수레를 만드는 기술은 그 원칙과 방법을 가르쳐줄 수는 있지만, 명인의 솜씨를 전달해 주지는 못한다. 「진심하5」

梓匠輪輿 能與人規矩언정 不能使人巧니라 「盡心下5」

재·장·윤·여梓·匠·輪·輿는 모두 목공木工을 말한다. 다만 이를 구체적으로 분류하면 재인梓人은 주로 목기木器를 만들고, 장인匠人은 주로 건축을 하며, 윤인輪人은 수레바퀴를 만들고, 여인輿人은 수레를 만드는 사람이었다고 한다. 이들 모두는 기술자이며 그 기술의 정도에 따라 보통의 목공에서부터 명인名人에 이르기까지 다양한 수준의 차이가 있다. 즉 솜씨에 따라 만들어진 제품은 현격한 차이를 보이는 것이다.

우리나라에 아직도 남아 있는 고려시대의 건축물이나 해인사 팔만대장경의 경판 제작 기술은 오랜 세월에 걸쳐 이루어진 고난도 기술의 집적이다. 처음에 목수를 따라다니며 일을 배울 때는 서로가 같은 상황에서 배운다. 나무를 깎고 다듬기 위해서는 우선 깎을 자리에 줄을 치는 도구의 사용법을 익혀야 할 것이다. 규規는 둥글게 깎아야 하는 부분에 원형의 줄을 그을 때 사용하며 그림쇠라고도 하고, 구矩는 곧거나 직각으로 깎아야 하는 곳에 사용하는데 곱자라고도 한다(나무를 깎는 기준으로 사용하기 때문에 후에는 규구規矩가 법칙이나 원칙의 뜻으로 쓰이게 되었다). 이들의 사용법이나 나무를 깎는 요령은 직접 배우거나 목수가 하는 것을 보면서 누구나 어렵지 않게 익힐 수 있는 기술이다.

그러나 똑같이 똑같은 사람한테 배워도 세월이 지나면 사람마다 기술의 차이가 크게 드러난다. 이것은 스승도 어찌할 수 없는 부분이다. 한 명인이 100명을 가르친다 해도 그 중에서 명인 한둘 나오기가 어렵다.

그것은 지금도 마찬가지이다. 중문과 학생 40명이 함께 시작을 하지만 4년이 지난 후에는 저마다 실력이 다르고 특출한 사람은 역시 한둘에 불과하다. 많은 사람들은 외국어를 어른스럽게 하고 싶어 한다. 즉 문법적인 설명을 기대하면서 하나하나 이해를 바탕으로 말을 만들어 하려고 하는 것이다. 말은 언어적 습관으로 형성된 것이어서 익히는 것이 중요한데 절반 정도의 학생들은 처음에 익히는 과정을 탐탁지 않게 생각한다. 즉 텍스트의 녹음을 따라 소리에 집중해서 외우라 해도 여전히 책을 보면서 외우는 학생들이 많다.

이것은 우리의 풍토도 문제이다. 영어를 책만 가지고 10년씩을 하고서도 영어를 못하는 것을 당연하다 생각하는 나라이기 때문이다. 물론 요즘엔 많이 좋아졌다.

예羿가 사람에게 활쏘기를 가르칠 때는 반드시 마음을 활시위 당기는 법에 집중하고, 배우는 사람도 역시 반드시 활시위 당기는 일에 집중하였다.

대목수는 사람을 가르칠 때 반드시 규구規矩를 사용하였고, 배우는 사람도 반드시 규구를 사용하였다. 「고자상20」

孟子曰羿之敎人射에 必志於彀하나니 學者도 亦必志於彀니라

大匠이 誨人에 必以規矩하나니 學者도 亦必以規矩니라 「告子上20」

무엇이든지 가르치고 배우는 것은 현장에서 이루어져야 한다. 활쏘기는 활을 쏠 수 있는 활터에서 실습을 통해 가르치고 배운다. 활쏘기 연습에서 과녁을 조준하기에 앞서 우선은 활시위 당기는 연습이 가장 중요하다는 뜻이다. 흔들리지 않는 안정된 마음과 자세를 갖추지 못하면 과녁을 아무리 겨냥해도 소용없는 일이다. 그래서 우리나라 올림픽 선수들은 별의별 훈련을 다 받으며 심신 수련(어떠한 상황에서도 마음이 흔들리지 않을)을 함께 한다. 활시위에 마음을 집중시킨다는 의미는 바로 이것을 말한다.

목수는 우선 규구規矩를 다룰 줄 알아야 한다. 재목을 자르고 깎기 전에 용도에 따른 정확한 크기나 길이 또는 모양의 형태가 규구를 사용해 그려져야 하는 것이다. 정확한 규구의 사용 방법에 숙련이 되지 않으면 나무를 아무리 잘 깎아도 소용이 없게 된다. 가령 집을 짓는데 대들보와 서까래의 접합부분이 정확하지 않으면 서까래를 끼워 넣을 수가 없게 된다.

활시위 당기는 것이나 규구 사용방법을 익히는 것은 배우고자 하는 기예技藝의 기본과정이다. 기본과정을 충실하게 하지 않으면 그 다음부터 아무리 많은 공을 들여도 효과가 나지 않는다. 예羿나 대목수는 그래서 기본과정을 중시했다는 의미이다.

서양 흉내에 급급한 우리는 이러한 기본교육을 소홀히 한다. 가령 국어교육에서는 읽기나 쓰기가 기본과정이다. 따라서 고등학교의 국어까지는 이러한 기본의 훈련이 중심이 되어야 한다. 그러나 고전이나 문학 작품들을 하나하나 읽고 감상을 서로 발표하는 것이 아니고 문제집 풀이에 중점을 두고 있다. 산문이나 잡기 또는 시나 소설 등을 습작하고 지도받는 과정이 별로 없다.

무엇보다도 우리말의 어휘는 대부분 본래 한자漢字에서 유래되었다. 따라서 한자를 익히지 않으면 정확한 어휘를 구사하지 못한다. 초등학교에서부터 한자교육이 필요한데 한자는 아직도 정규과목에서 아예 제외된 실정이다. 현재 우리나라 대학생의 작문능력은 대부분이 편안한 산문 하나 쓰기도 어려운 수준으로 보인다.

대학에서는 걸핏하면 논문을 요구하며 교수들의 업적도 주로 논문으로 평가한다. 그러나 논문은 자연과학과 같은 분야에서 유용한 것이다. 즉 새로운 발견이나 발명 등과 관련된 보고서가 곧 논문이다. 인문학에서는 글을 쓰고 작품을 내야 한다. 문학을 하는 교수는 당연히 그렇고, 역사를 한다면 역사 관련 글로 학생 또는 일반인들과 공감할 수 있어야 한다. 역사논문은 역사를 공부하는 취지와 거리가 먼 작업이다. 우리는 역사를 지식을 쌓기 위해 하기보다는 역사를 승계하고자 하는 목적이 더 크다. 외국의 역사는 지식의 습득으로 만족할 수 있지만, 자국의 역사는 민족과 나 자신의 정체성을 확립하고 아울러 한 민족의 공동체 의식을 함양하는 의미가 더 큰 것이다.

기술이나 학문은 똑같이 현장에서의 쓰임을 전제로 하는 것이며, 이를 익혀 얼마나 잘할 수 있는가 하는 것은 결국 개인의 몫인 것이다.

22. 미인도 오물을 쓰면 냄새 난다

서시西施라 해도 오물을 뒤집어쓰면 사람들이 코를 막고 지나 간다. 그러나 못생긴 사람이라 하더라도 목욕재계하면 하느 님께 제사를 지낼 수 있다. 「이루하25」

西子 蒙不潔이면 則人皆掩鼻而過之니라 雖有惡人이라도 齊戒 沐浴이면 則可以祀上帝니라 「離婁下25」

서시西施는 월越나라의 미녀로 알려져 있다. 구천왕句踐王이 오吳나라에 복수를 하기 위해 한편으로는 '와신상담臥薪嘗膽(섶 에 누워 자고 쓸개를 핥다)'을 하면서 힘을 모으고, 다른 한편으 로는 서시와 같은 미인을 오나라 왕에게 바쳐 왕의 심지心志 를 흐리게 했다. 과연 오나라 왕은 서시에 빠져 지내다가 월 나라에 패하여 역사에서 사라졌다.

미녀 하나가 백만 대군으로도 어쩌지 못하는 나라의 국운을 뒤바꾸어 놓는다. 역사가 보여주는 미녀의 힘은 실로 크다. 남자는 잘생겼다 해서 특별한 역량을 발휘하는 것이 없는데 여자의 경우는 외모가 곧 힘이고 능력인 경우가 많았다. 그러나 지속적으로 사랑을 받으려면 역시 지혜가 필요하다. 아무리 미인이라 해도 오물을 뒤집어쓰면 악취가 나기 마련이다.

한나라의 무제武帝는 이 부인李夫人과 사랑에 빠졌다. 그러나 이 부인은 왕자 하나를 낳고 젊은 나이로 죽었다. 죽기 전에 무제가 병문안을 왔는데 이 부인은 이불 속에서 일어나지도 않았다. 무제는 이 부인의 얼굴이라도 보고 싶어 몇 차례 재촉을 했지만 이 부인은 끝까지 일어나지 않았고 무제는 화가 나서 돌아갔다.

이 부인은 주위에 그 이유를 말해주었다. 즉 자신이 왕의 총애를 받게 된 것은 단지 자신의 용모 때문이었는데, 지금 오랜 기간 병으로 수척해진 모습을 왕께 보여드리면 결국 왕의 머릿속에는 지금의 추한 모습만이 남게 될 것이다. 그렇게 되면 내가 낳은 왕자와 내 집안의 오빠들을 과연 왕께서 보살펴주시겠는가 하는 것이다. 그래서 왕의 간청도 들을 수가 없었다는 설명이었다.

과연 무제는 이 부인이 죽고 나서 더욱 그리워하며 이 부인 주위를 보살펴주었다. 아무리 예쁜 여자라 해도 오랫동안 병을 앓게 되면 흉한 몰골이 될 수밖에 없다. 어차피 자신이 곧 죽을 것을 알면서 이렇게 흉한 모습으로 자신의 평소 좋았던 인상을 바꾸는 것은 어리석은 일이다.

미인도 항상 자기 관리를 해야 한다. 서양에서 향수가 발달한 것은 아마도 서양인 특유의 체취 때문이 아닌가 생각된다. 서양의 여성은 더 세심한 자기 관리가 필요할지도 모른다.

여기에서는 미인을 말하고자 한 것이 아니고 미인으로 인간의 선한 본성을 비유한 것이다. 우리가 아무리 선한 본성을 타고 태어났어도 항상 이러한 본성을 닦고 연마하지 않으면 안 된다는 의미이다.

『장자莊子』에는 '동시효빈東施效顰'의 고사가 실려 있다. 서시西施의 맞은편 마을에 추녀가 사는데(그래서 동시東施라 한 것이다), 생김새가 서시와는 정반대라 할 만큼의 추녀였다. 그런데 항상 자신들과 함께 일하던 서시가 어느 날 갑자기 불려가서 오나라의 왕비가 되었다는 소식을 듣고 동시는 곰곰이 생각을 하였다. 서시는 평소에 가슴앓이가 있어 가슴에 손을 얹고 미간을 찡그리는 일이 많았다. 여기에 생각이 미친 동시는 그날부터 손을 가슴에 얹고 있는 힘을 다해 얼굴을 찡그리며 온 동네를 맴돌았다. 이에 가난한 사람은 바로 식구들을 데리고 멀리 이사를 가고 부자들은 대문을 잠그고 출입을 하지 않았다.

사람은 사람만의 고유한 본성이 있지만 대체로 엉뚱한 사심이나 물욕에 가리어 본성을 바로 보지 못한다. 동시가 얼굴을 찡그리고 다니듯이 사람들은 명예나 재물을 주렁주렁 매달아야 되는 것으로 생각하고 이를 열심히 흉내 내는 것이다. 결국 이러한 흉내가 사람을 더욱 추하게 만든다는 것을 당사자들은 모르고 있는 것이다.

못생긴 사람이라도 목욕을 하고 재계하면 제사를 모실 수 있다는 것은 우리의 본성을 찾아 닦으면 본래의 아름다움을 되찾을 수 있다는 의미이다.

23. 결혼에는 정도正道가 있다

남자가 태어나면 장가를 보내 가정을 꾸리기를 바라며, 여자
가 태어나면 사위를 보아 시집보내는 것을 바라는 것은 부모
의 다 같은 심정으로 사람마다 모두가 같다. 그러나 부모의
뜻과 중매의 과정을 거치지 않고, 남녀가 담에 구멍을 내거
나 문틈으로 엿보다가 담장을 넘어 사귀는 것은 부모나 세상
사람들이 모두 천하게 여긴다. 옛날 사람들이 벼슬을 원하지
않은 것은 아니지만 정도正道가 아니면 싫어하였으니, 정도가
아닌 길을 가는 것은 구멍을 내고 문틈으로 엿보는 것과 같은
방법이라. 「등문공하3」

丈夫生而願爲之有室하며 女子生而願爲之有家는 父母之心이라
人皆有之언마는 不待父母之命과 媒妁之言하고 鑽穴隙相窺하며
踰牆相從하면 則父母國人이 皆賤之하나니 古之人이 未嘗不欲
仕也언마는 又惡不由其道하니 不由其道而往者는 與鑽穴隙之類
也니라 「滕文公下3」

맹자가 여기에서 말하고자 한 것은 벼슬의 정도正道이다.

그것을 결혼에 비유한 것이다. 옛날의 결혼은 부모가 주관하였다. 부모의 자녀 양육은 대체로 결혼까지였고, 결혼을 기점으로 하여 자녀는 따로 성가成家하니 사실 부모로부터 독립하는 것이다(집을 달리하여 따로 거주하는 것을 의미하지 않는다). 따라서 부모는 자녀의 결혼에 대해 마지막 정성을 다하게 된다. 그러나 간혹 부모의 이러한 뜻을 앞서가는 경우도 있었을 것이다.

위에서처럼 담장의 구멍이나 문틈으로 서로를 보다가 나중에는 아예 담을 넘어 밀회를 하면서 부모도 모르게 사고를 내는 것이다. 이런 식의 야합을 옛날에는 매우 천한 행위로 여겼다. 지금은 결혼을 개인과 개인의 만남 정도로 여기기 때문에 이러한 야합을 당연한 것으로 받아들이지만, 옛날에는 결혼이 양가兩家, 즉 가문과 가문 사이의 일이었기 때문에 양가 가장家長의 뜻이 배제된 결혼은 사실 결혼이라 할수도 없었다.

옛날의 결혼은 또한 그만큼 과정과 절차가 복잡하고 엄중하였다. 우선 납채·문명·납길·납징·청기·친영納采·問名·納吉·納徵·請期·親迎으로 이루어지는 '육례六禮'의 과정에서 당사자가 나서는 의식은 '친영' 하나뿐이다. 그러나 이 또한 부모의 명에 따르는 것이기 때문에 모두가 부모의 주도로 이루어진다고 보아야 한다. 양가 모두에 결혼 의식은 매우 중대한 일이어서 절차 하나하나가 엄숙하고 정중하며 양가 부모의 정성이 지극한 가운데 이루어지는 것이다.

딸을 시집보내는 부모는 딸과 관련된 어떤 일에도 긴장을 늦출 수가 없다. 시부모와 남편의 사랑이 딸의 미래에 절대적인 상황에서 부모는 전전긍긍할 수밖에 없다. 신랑의 부모도 마찬가지이다. 어떤 아내를 맞이하는가는 아들의 미래에 역시 절대적인 요소가 된다. 훌륭한 며느리를 맞이하고 싶은 심정은 다 마찬가지이다.

이런 면에서 보면 배우자의 선택이 지금처럼 본인이 하기보다는 경험과 경륜이 많은 부모의 안목을 빌리는 것이 더 정확할 것이라고 볼 수도 있다. 특히 지금의 결혼식은 진지하거나 엄숙하기보다는 상당히 들뜬 분위기 속에서 진행된다. 본시 남남의 사람들이 만나 함께 살기가 그렇게 쉬운 일이 아닌데 긴장하는 모습은 보이지 않고 희희낙락하며 뭔가 과시하고 싶어 하는 듯하다. 호화판의 결혼식 비용은 아프

리카 같은 곳에 보내주면 학교나 병원을 세우고도 남을 돈이다. 결혼의 본질과 전혀 상관이 없는 허세의 과시는 결국 자신들에게 허무한 결과를 가져올 뿐이다.

결혼은 양가 모두가 겸손하면서 진지하게 접근하는 것이 결혼하는 사람들의 미래를 위해 좋다. 허세를 부리면 그만큼 기대는 커지고 나중에는 감당하기 어렵게 된다. 무엇보다 결혼 당사자는 서로에게 오직 성실과 진심으로 대해야 한다. 결혼을 주도권을 다투는 전쟁의 시작으로 만들면 결국 본인들은 물론 집안 식구들 모두가 패자가 된다. 성공하지 못한 결혼에 승자란 있을 수가 없는 것이다.

남녀의 결혼은 단지 서로가 좋아서 하는 것이 아니다. 남녀는 처음 만나도 웬만하면 좋아하게 되어 있다. 다만 좋은 감정이 일반적으로는 오래가기 어렵다는 것이 이치이다. 이런 감정은 내 스스로도 장담할 수 없는 것이다. 지금의 결혼은 옛날 결혼에 비하면 거의 장난 수준이다. 다만 많은 사람들이 시작은 그렇게 했지만 살면서 결혼의 의미를 살려 살아가고 있는 것이다.

정도正道를 거치지 않은 결혼이 천하다고 한 것은 이러한

이유에서이다. 결혼은 자연의 뜻을 따르고자 하는 인간의
뜻과 규범이 합쳐져 이루어지는 것이다. 남녀가 가정을 이
루고 자녀를 갖는 것은 모든 만물에 적용되는 음양의 이치
이다. 우리의 문화는 이러한 이치를 바탕으로 하여 사회의
규범을 형성해 왔다. 즉 가정은 사회와 국가의 기초단위로
서의 위상과 의미가 있고, 아울러 개인은 결혼을 통해 사회
의 단위가 되는 것이다. 개인은 그렇지가 못하다. 단지 개인
일 뿐이다.

맹자는 이와 마찬가지로 벼슬을 하는 데에도 정도가 있음
을 말한 것이다. 세상에 떳떳하고 당당한 방법이 아니면 옛
날 사람들은 벼슬을 하지 않았음을 상기시킨다. 지금처럼
청문회에서 온갖 추문으로 얼룩져도 물러설 줄도 모르는
현대의 고위공직자들에게는 소귀에 경 읽기가 될 것이다.

24. 자녀 없는 불효가 가장 크다

불효에는 세 가지가 있는데 후손이 없는 것이 가장 크다. 순舜
임금께서 부모님께 알리지 않고 결혼을 하신 것은 후손을 두

기 위해서였으니, 군자는 이를 알려드린 것이나 같다고 여겼던 것이다. 「이루상26」

不孝有三하니 無後爲大하니라 舜이 不告而娶는 爲無後也시니君子以爲猶告也라 하니라 「離婁上26」

불효의 첫째는 부모의 잘못을 알면서도 비위를 맞추기 위해 맹종하면서 부모를 불의에 빠지도록 하는 것이고, 둘째는 가난하고 부모가 연로한데 벼슬을 하지 않는 것이며, 셋째는 결혼을 하지 않거나 자손이 없어 선조先祖의 제사가 끊어지게 하는 것이라 했다. 그런데 그중에서 자손이 없는 불효가 가장 크다 했다.

순제舜帝의 결혼에 대해서는 「만장상萬章上」에 비교적 자세히 나와 있다. 순제는 부모가 자신을 죽이려 할 만큼 악독한 부모와 살고 있었다. 때문에 결혼을 알리면 틀림없이 부모가 못 하게 할 것이며, 그러면 자신은 인간의 대륜大倫을 실천하지 못하고 부모를 원망하며 살게 될 것이기 때문에 알리지 않은 것이다. 요제堯帝도 이러한 이유에서 사전에 순舜의 부모와 통혼하는 절차를 생략할 수밖에 없었다는 내용이다.

세상에는 정도正道가 있는가 하면 권도權道도 있다. 정도는 만세萬世에도 변하지 않는 상도常道이고, 권도는 일시적으로 쓰는 도리이다. 상도는 누구나 따르는 것이지만 권도는 도를 체득한 사람이 아니면 함부로 쓸 수 없는 도리이다. 부득이한 상황, 즉 순舜의 아버지처럼 악독한 사람일 경우 순제舜帝와 같은 위대한 인물이 사용하는 방법이라는 주석이 있다.

서양에서는 결혼이 하나님의 뜻에 따라 반드시 해야 하는 것으로 보인다. 그러나 우리에게는 사실상 자연의 뜻에 가깝다. 서양도 '하나님'을 '자연'으로 바꿔 놓으면 별로 다를 것이 없다. 그래서 결혼은 반드시 해야 하는 것이라는 점에서는 다르지 않다.

제사를 끊어지지 않게 한다는 것은 생명의 영속을 의미한다. 자연의 모든 생물이 자신의 한 생애를 오직 번식을 위해 바친다. 자신이 이어받은 생명을 단절되지 않게 자신의 후손을 통해 이어주는 것이 생애 최대의 사업인 것이다. 이렇게 모든 생물의 생명은 대대로 이어지면서 영속성을 갖는다.

사람도 이러한 의미에서는 결국 다른 생물과 다를 것이 없다. 사람은 다른 동물과 본질적으로 차별화된 문명과 문화를 이루고 살지만, 사람의 한 생애에서 가장 중요한 일은 역시 결혼을 하고 자녀를 갖는 것이다.

지금은 가치관이 많이 달라지기도 했지만, 아직도 누구에게나 가장 중요한 보배는 가족이며 자녀들이라는 것은 변함없는 사실이다. 옛날부터 내가 받은 생명을 내 스스로가 단절시킬 권한이 나한테 없다는 생각이 우리의 전통이었다.

결혼을 축하하게 된 것이 언제부터였는지는 확실치 않지만 결혼은 본래 축하의 대상이 아니었다. 왜냐면 결혼은 생명의 교체를 뜻하기 때문이다. 즉 결혼을 하는 것은 내 생명을 후손에게 물려주는 것을 뜻하기 때문에, 결혼 후의 인생은 나의 인생이 아니고 내 후손을 위한 인생이 되는 것이다. 축하보다는 위로해 주어야 할 일이다.

지구가 태양을 한 바퀴 도는 주기를 1년이라 한다. 사람에게는 30년의 공전주기가 곧 한 세대世代가 된다. 즉 한 인간이 자신의 수명과는 상관없이 독자적인 인생의 길이는 30년이라는 의미이다. 다시 말해 자신이 태어나서 첫 아이가 생길 때까지의 시간이다. 아이가 생긴 순간부터는 이미 자신의 인생이 아니고 아이를 위한 인생이 되는 것이다.

공자는 대체적으로 B.C. 551년에서 B.C. 479년까지 생존했다고 본다. 공자의 80대 적장손 공우인孔佑仁이 2006년에 태어났다. 이는 각 세대가 거의 30년의 주기로 교체되었다는 것을 나타내고 있다.

결국 사람은 오래 산다는 것이 별 의미가 없는 것처럼 보인다. 자신의 인생은 어차피 30년 정도이며 나머지 인생은 아이에게 종속되는 것이다. 따라서 막내 아이가 장성해서 결혼할 때까지 살면 자신의 일차적인 임무는 끝났다고 볼 수 있다. 그 다음부터는 자신이 알아서 인생의 명분과 의미를 찾아야 할 것이다.

예로부터 가장 보편적으로 활용된 명분은 교육이었다. 즉 오랜 연륜을 통해 쌓인 학문과 경륜을 후손들에게 물려주는 것이다. 이는 시골 농부가 죽을 때까지 일을 하면서 사는 것과도 같다. 즉 노년기에 들어서도 생산적인 일에서 손을 놓지 않는 것이다. 일차적인 임무가 끝나면 이러한 이차적인 임무에서 삶의 의미를 찾을 수 있을 것이다.

현대의 사회는 노인이 도시에서 일거리를 찾기가 쉽지 않다. 정부는 시골에 좀 더 많은 지원을 해야 한다. 시골에서도 교육과 문화 활동에 불편이 없도록 투자를 하고, 농수산업에 대한 다양한 지원을 하며, 지나 편의 시설을 확충해야 한다. 이것이 도시의 인구를 분산시키고 시골에도 활기를 되찾게 해주는 방법이다. 아이와 노인들에게는 시골이 더 좋은 환경을 제공한다. 시골의 불편을 해소하고 유리한 여건을 활용하는 것이 나라의 생기와 활력을 키우는 방법이다.

25. 취직에도 정도正道가 있다

먹이를 주되 사랑하지 않으면 돼지를 기르는 것과 같고, 사랑은 하되 공경하지 않으면 개나 말을 기르는 것과 같다. 공경의 마음은 예물을 보내기 전부터 가져야 하는 것이다. 형식적으로 공경할 뿐 진실성이 없다면 이는 허례허식虛禮虛飾이니 군자는 이런 나라에 머물지는 않는다. 「진심상37」

食사而弗愛면 豕交之也요 愛而不敬이면 獸畜之也니라 恭敬者는 幣之未將者也니라 恭敬而無實이면 君子 不以虛拘니라 「盡心上37」

이 이야기를 보면 공자나 맹자와 같은 현인군자가 벼슬하기가 어려웠던 이유를 알 만하다. 단지 제왕이 봉록만으로 사람을 등용하고자 하는 것은 돼지를 기르는 것과 다르지 않고, 봉록을 주고 가까이하지만 공경하지 않으면 이 또한 개나 말을 아끼는 정도에 불과하다는 것이다. 좋은 사냥개나 훌륭한 말은 주인이 매우 귀하게 여겼던 짐승들이다.

제왕이 현인을 등용하고자 하면 신하라 하더라도 공경하는 마음으로 초빙해야 한다는 의미이다. 그러나 이런 제왕이 세상에 얼마나 있겠는가? 공자와 맹자가 세상을 돌아다니며 자신들의 뜻을 펼 수 있는 곳을 찾았지만 결국 찾지 못하고 돌아와 제자들을 가르치며 학문에만 힘써야 했던 이유이기도 하다.

「만장하萬章下」에서 맹자는 자사子思의 고사를 예로 들어 설명했다.

목공은 자사子思 선생님께 자주 문안의 예도 올리면서 고기를 보내왔다. 마침내 선생님께서 불쾌해 하셨다. 고기를 가져온 관리를 문밖으로 몰아내고, 북향北向하여 재배再拜하고 예물을 받지 않으셨다. 그리고 말씀하셨다. "내 지금에야 군왕께서 나를 개나 말처럼 기르려 하셨음을 알겠구나." 이로부터 다시는 고기를 보내오지 않았다. 현인을 좋아한다면서 등용하지도 않고 봉록을 주지도 않는다면 과연 현인을 좋아한다고 말할 수가 있겠는가? 「만장하6」

繆公之於子思也에 亟問하시며 亟餽鼎肉이시어늘 子思子悅하사 於卒也에 摽使者하여 出諸大門之外하시고 北面稽首再拜而不受 曰今而後에 知君之犬馬畜伋이라 하시니 蓋自是로 臺無餽也하니 悅賢不能擧요 又不能養也면 可謂悅賢乎아 「萬章下6」

노나라의 국왕이었던 목공은 자사子思한테 예우를 갖추고 고기도 자주 보냈다. 그러나 그때마다 예를 갖추어 받아야 하는 자사는 오히려 불쾌하게 여긴 것이다. 만약 예물이라면 한 번으로 족한 것이지 하는 일도 없으면서 예물을 자꾸 받는 것은 이래저래 기분 좋은 일이 아니었던 것이다. 만약 목공이 진심으로 자신을 좋아한다면 등용을 하여 자신에게 적합한 관직을 주어야 할 것인데, 그렇지 않고 고기만 보내는 것은 마치 짐승을 사육하는 것과 다를 것이 없다는 뜻이다.

맹자는 다시 요堯임금의 예를 들었다. 요제堯帝는 순舜을 후계자로 받아들이면서 그에게 두 딸을 시집보냈고 아홉 아들을 보내 순舜을 보필하도록 했다. 이것은 요제와 같은 훌륭한 군왕이 현인을 어떻게 존중했는가를 보인 것이라 했다. 군왕이 자신의 치장용으로 군자를 곁에 두려 하는 것은 군자에게는 사실상 치욕이 되는 것이다. 관직을 주어 능력을 발휘하게 하고 그에 맞는 예우를 해주는 것이 군왕이 현인을 아끼는 자세임을 뜻한다.

맹자의 의미는 지금으로 말하면 국무총리나 장관들에게 독자적이고 실질적인 권한을 주어야 한다는 것이다. 지금 우리나라처럼 권한은 청와대의 비서관들이 쥐고 있고 장관들은 심부름꾼에 불과하면 행정이 제대로 돌아갈 리가 없다. 모든 권한이 대통령 한 사람한테 집중되면 대통령이 신神이 아닌 한 국정을 원만하게 감당할 수 없는 일이다.

이러한 조직 속에서 총리나 각료들은 위에서 말한 '봉록을 주고 가까이하지만 공경하지' 않는 인물들이 되는 셈이다. 가까운 사람들 중에서 뽑혀 녹봉을 받다가 여차하면 그만두어야 하는 자리인 것이다. 우리나라 장관의 평균 수명이 1년 안팎으로 나타난다. 이러한 현상은 장관이 국정을 수행하는 자리라기보다는 대통령의 구색을 맞추어주는 장식용으로 활용되었다는 것을 입증하는 것이라 할 수 있을 것이다.

일자리는 크고 작고 간에 주어진 업무가 있다. 그 업무만큼은 독자적으로 수행할 수 있어야 한다. 조선시대의 사관史官은 자신이 기록한 사초史草를 왕에게도 보여주지 않는 독립성이 보장되어 있었다. 검찰이 대통령의 지시를 따라야 한다면 검찰 본연의 업무를 수행할 수가 없다. 출세를 위해 정치에 야합하는 검찰은 바로 『맹자』에서의 군주에게 사육되는 견마犬馬같은 처지가 되는 것이다.

현실에서 정도正道를 따르면 대체로 출세하기는 힘들다. 출세는 바로 이러한 대가를 치르는 것이다. 즉 치욕과 맞바꾸는 자리라고 할 수 있다. 다만 사람들이 출세의 단맛 때문에 치욕을 잠시 깨닫지 못할 뿐이다.

26. 웅장요리를 먹으리라

나는 생선 요리도 좋고 웅장(곰발바닥) 요리도 좋지만, 둘을 다 먹을 수 없다면 나는 웅장을 선택할 것이다. 나는 삶도 원하고 의義도 원하는 것이지만, 둘을 다 가질 수 없다면 나는 삶을 버리고 의義를 선택할 것이다.

삶이 내가 원하는 것이기는 해도 그보다 더 원하는 것이 있기 때문에, 나는 구차한 삶을 원하지는 않는다. 죽음이 내가 싫어하는 것이기는 해도 그보다 더 싫어하는 것이 있기 때문에, 환난이 닥친다 해도 피하지 않는다.

만약에 삶보다 더 원하는 것이 없다면, 사람들이 살기 위해서 무슨 짓인들 못 하겠는가? 사람들이 싫어하는 것이 죽음보다 더한 것이 없다면, 환난을 피하기 위해서 무슨 짓인들 못 하겠는가? 어떻게든 삶을 도모할 수도 있지만, 어떤 사람들은 그런 짓을 하지 않는다. 어떻게든 환난을 피할 수도 있지만, 어떤 사람들은 그렇게 하지 않는다.

그런고로 원하는 것 중에는 삶보다 더 한 것이 있고, 싫어하는 것 중에는 죽음보다 더한 것이 있다. 이는 현자賢者들만이 이런 마음이 있는 것이 아니고, 사람이라면 모두 갖고 있는데 다만 현자는 잠시도 그런 마음을 잃지 않을 뿐이다. 「고자상10」

魚도 我所欲也며 熊掌도 亦我所欲也언마는 二者를 不可得兼인댄 舍魚而取熊掌者也리라 生亦我所欲也며 義亦我所欲也언마는 二者를 不可得兼인댄 舍生而取義者也리라

生亦我所欲이언마는 所欲이 有甚於生者라 故로 不爲苟得也하며 死亦我所惡언마는 所惡가 有甚於死者라 故로 患有所不辟也니라

如使人之所欲이 莫甚於生이면 則凡可以得生者를 何不用也며 使人之所惡 莫甚於死者면 則凡可以辟患者를 何不爲也리오 由是라 則生而有不用也하며 由是라 則可以辟患而有不爲也니라

是故로 所欲이 有甚於生者하며 所惡가 有甚於死者하니 非獨賢者有是心也라 人皆有之언마는 賢者는 能勿喪耳니라 「告子上10」

한 그릇의 밥과 국을 먹으면 살고 먹지 않으면 죽는 상황이라 해도, 처먹으라는 듯 고함을 치며 주면 행인도 받지 않을 것이며, 발로 차면서 주면 걸인도 거들떠보지 않을 것이다.

그러나 천금千金의 후한 봉록을 주면 예의를 가리지 않고 받

는다. 천금의 돈이 나에게 무슨 쓸모가 있는가? 집을 넓히고 치장하기 위해서인가? 처첩을 거느리기 위해서인가? 내가 아는 곤궁한 사람들한테 덕을 베풀어 공치사를 받기 위해서인가? 전에는 죽어도 안 받겠다더니 집을 넓히고 치장하기 위해 받았다. 전에는 죽어도 안 받겠다더니 지금은 처첩을 거느리기 위해서 받았다. 전에는 죽어도 안 받겠다더니 지금은 아는 사람에게 덕을 베풀어 공치사를 받기 위해 받았다. 과연 이것이 불가피한 일들이었는가? 이를 '본심本心'을 잃었다고 하는 것이다. 「고자상10」

一簞食사와 一豆羹을 得之則生하고 弗得則死라도 嘑爾而與之면 行道之人도 弗受하며 蹴爾而與之면 乞人도 不屑也니라

萬鍾則不辨禮義而受之하나니 萬鍾이 於我何加焉이리오 爲宮室之美와 妻妾之奉과 所識窮乏者得我與이릿가 鄕爲身엔 死而不受라가 今爲宮室之美하여 爲之하며 鄕爲身엔 死而不受라가 今爲妻妾之奉하여 爲之하며 鄕爲身엔 死而不受라가 今爲所識窮乏者得我而爲之하나니 是亦不可以已乎아 此之謂失其本心이니라 「告子上10」

사람들은 저마다의 자존심이 있다. 자신의 품위나 가치에 대한 긍지라고 할 수 있을 것이다. 그러나 이 자존심이 각양 각색이다. 어떤 분이 고가의 외제 자동차가 있다고 해서 물어본 일이 있다. "혹시 여행을 가게 되면 밖에 자동차를 주차할 때 좀 불안하지 않으십니까?" "아니 여행할 때는 다른 차를 타지 그 차 안 몰아요. 그 차는 교회 가고 할 때나 타는 거지." 자동차가 사람의 품격을 높여준다고 생각하는 것도 우리 현실에서 상당히 일반적이다.

춘향은 죽음이 엄습하는 몰매 속에서도 자신을 굽히지 않았다. 죽음을 무릅쓰면서 지켜야 하는 가치가 무엇인지를 보여준 것이다. 죽음을 각오하고 지켜야 하는 자동차는 없다. 우리 인생에서 자동차는 사람을 치장시켜줄 만큼 중요한 자산이 되지 못한다.

구걸하는 사람이라 해도 모욕을 주면서 먹으라 하면 먹지 않는 것이 인지상정人之常情이다. 사람마다 자기 자신을 더없이 소중하게 생각하기 때문이다. 경우에 따라서 이러한 가치의식은 생사生死를 초월한다.

그런데 사람들은 순간순간 자가당착에 빠진다. 입으로는

나는 절대 그런 짓은 안 한다고 해놓고 실제로는 그보다 더한 짓을 하는 것이다. 헌법재판소장의 인사청문회에서 후보의 위장전입이 문제가 되었다. 만약 그 재판관이 위장전입한 사람을 재판하게 되었다면 위장전입의 범법자를 무죄라 선고할 것인가? 그가 교수가 된다면 위장전입을 고위 공직자의 관행이라 할 것인가?

우리는 돈에 대해서 일종의 신앙심을 갖고 있는 것처럼 보인다. 청문회에서 드러나는 교수들의 논문 중복이나 표절도 알고 보면 연구비와 관련이 있다. 돈을 받았거나 받기 위해 업적을 부풀리는 것이다. 돈 때문에 교수의 품위는 물론 자신의 인간성까지 팔아먹는 것이다. 돈과 자신의 인간적 가치를 저울질해 볼 수 있었다면 그렇지 않았겠지만, 대개는 별 생각 없이 그런 실수를 누적시키다가 결국은 습관이 되어버린다.

고위 공직자나 의사, 변호사 등 전혀 그럴 필요가 없어 보이는 사람들이 오히려 돈으로 자신을 팔아먹고 구차하고도 수치스런 인생을 살아가는 사람이 많다. 그 돈으로 으리으리한 집을 짓고 세계적인 휴양소를 찾아다니며 자신을 치장하는 것이다. 이런 사람들을 인간의 본모습을 상실했다는 의미에서 '본심本心'을 잃었다 한 것이다.

짐승도 자신의 새끼를 보호하기 위해서라면 자신의 생명을 건다. 사람은 물론 자신의 생명보다 더 소중한 가치가 짐승보다 더 많다. 현명한 사람은 언제나 흔들리지 않는 가치 기준을 유지하지만 어리석은 사람은 순간순간 이 기준을 망각하는 것이다.

27. 생계형 일자리일 수도 있다

벼슬을 하는 것이 가난을 면하려고 하는 것은 아니지만 때로는 그럴 수도 있다. 아내를 얻는 것이 부모 봉양 때문은 아니지만 때로는 그럴 수도 있다. 가난을 면하려고 하는 것이라면 높은 벼슬은 사양하고 낮은 벼슬을 해야 하며, 봉록을 후하게 받지 말고 적게 받아야 한다. 높은 벼슬을 사양하고 낮은 벼슬을 하며, 후한 봉록을 받지 않고 낮은 봉록을 받는 것은 어느 정도가 적절한가? 문지기나 야경꾼 정도일 것이다.

공자께서도 창고지기를 하신 일이 있는데, "회계를 정확하게 할 뿐이다"라 하셨고, 가축 관리의 일을 맡으셨을 때도 "단지 가축을 잘 키울 뿐이다"라고 하셨다. 지위는 낮으면서 높은 관직의 일을 논하는 것은 죄가 된다. 아울러 한 나라의 조정에서 높은 관직을 지내면서 마땅한 행정을 구현하지 않으면 역시 수치스러운 일이 된다. 「만장하5」

仕非爲貧也로되 而有時乎爲貧하며 娶妻 非爲養也로되 而有時乎爲養이니라 爲貧者는 辭尊居卑하며 辭富居貧이니라 辭尊居卑하며 辭富居貧은 惡乎宜乎요 抱關擊柝이니라

孔子嘗爲委吏矣사 曰 會計를 當而已矣라 하고 嘗爲乘田矣사 曰 牛羊을 茁壯長而已矣라 하시니라 位卑而言高 罪也요 立乎人之本朝而道不行이 恥也니라 「萬章下5」

군자현인에게 일자리는 자신의 큰 뜻을 펼 수 있는 높은 관직을 말한다. 공자나 맹자는 한평생 이런 자리를 얻은 적이 없었다. 그래서 때로는 먹고살기 위해 생계형의 일자리를 구할 수도 있다. 공자도 창고지기를 하면서 출납에 관한 회계업무를 본 일이 있고, 가축의 사육을 맡은 일도 있다. 다만 이러한 경우는 대우를 그 일에 맞추어 적게 받아야 한

다. 업무와 책임은 작은 관직인데 자신에게 맞추어 후한 봉록을 받으려 해서는 안 된다는 의미이다.

이 당시에 맹자와 같은 현자들은 대체로 여러 제후들의 나라에 초청을 받아 군주의 정치적 자문에 응해 주는 것이 일이었다. 그러나 이들도 어느 나라든지 정착해서 자신의 뜻을 펼 수 있기를 원했다. 하지만 공자나 맹자에게 이런 일은 일어나지 않았다. 그래서 생계형의 임시방편적인 일자리 얘기가 나온 것이다. 사실 어찌 보면 일반 개인에게는 생계형의 일자리가 더 중요할 수도 있다.

이런 경우에 맹자는 두 가지를 강조했다. 하나는 작은 일자리에 만족하라는 것이고, 다른 하나는 그 일에 맞추어 적은 봉급을 받으라는 것이다. 어차피 생계형이기 때문에 먹고사는 정도의 검소한 일자리를 뜻한다. 자신의 뜻을 펴기에 적절하지도 않으면서 어정쩡하게 높은 관직을 받으면 직무를 수행하는 것도 문제가 있을 수 있고, 필요 이상의 수입은 본래의 의도가 아니기 때문으로 풀이된다.

이러한 시각에서 현대의 우리를 본다면 우리는 대체로 성격이 뚜렷하지 않은 일자리에 매여 있다. 우리는 일의 성격보다도 수입에 관심이 더 많다. 대체로 수입이 많은 직업을 좋은 직업으로 생각한다. 과거 대학입시에서 의대와 법대가 가장 높은 점수를 기록해 왔다. 지금도 크게 달라진 것은 없다. 의학이나 법학에 뜻이 있어서라기보다는 그로부터 얻어지는 부귀를 더 선호하는 것이다.

의사나 변호사라는 직업은 생계형의 일자리라고 볼 수는 없다. 따라서 돈을 벌기 위해서가 아니고 이 분야에 뜻이 있는 사람들이 해야 하는 직업이다. 돈을 벌기 위해서 하게 되면 사람들에게 끼치는 피해가 막심하다. 가령 의료분야의 고질적인 병폐가 과잉진료나 필요도 없는 수술 같은 것이다. 필요 이상의 약을 먹으면 병은 치료된다 해도 몸의 다른 곳에 해를 끼치게 된다.

물론 그렇지 않은 사람들도 있다. 가난한 병자들을 돌보아 주는 의사들도 있고, 약한 서민들을 보호해주는 변호사들도 있다. 이들은 자신의 일에 본래 뜻이 있어 그런 직업을 선택한 사람들이다. 이런 사람들은 자신의 일을 부귀와 바꾸는 수단으로 생각하지 않는다. 일 자체에 의미를 두는 것이다.

맹자의 뜻은 바로 이것이다. 스스로의 일을 못 찾겠거든 조그마한 일거리를 찾아 우선 먹고살라는 얘기다. 일을 가지고 돈과 바꾸게 되면 사람이 비굴해지고 치욕이 따르게 된다.

28. 하늘의 재앙은 피할 수 있어도 자신이 지은 재앙은 피하지 못한다

불인(不仁)한 사람에게 말을 하면 무엇하겠는가? 그들은 사람들이 위험해도 움직이지 않고 사람들의 재난을 자신의 이익으로 삼으며, 나라가 망하는 것을 즐기는 사람들이라. 불인(不仁)한 사람과 더불어 말을 할 수 있다면(그가 다른 사람의 말을 알아듣는다면) 어찌 패가망국(敗家亡國)의 일이 일어나겠는가?

어린아이의 노래에 이런 구절이 있다. "창랑의 물이 맑은가? 내 갓끈을 씻으리라! 창랑의 물이 탁한가? 내 발을 씻으리라!" 공자께서 말씀하셨다. "제자들아 잘 들어라. 맑은 물에는 갓끈을 씻고 탁한 물에는 발을 씻는다는 것은 물이 자초한 것이라."

그래서 사람도 자신이 먼저 자신을 더럽혀야 다른 사람들이 더럽히려 드는 것이고, 집안도 먼저 스스로 분란을 만들어야 다른 사람들이 훼손시키며, 나라도 안으로 깨진 연후에 다른 나라의 정벌을 받는 것이다. 『상서·태갑尙書·太甲』에 말하기를, "하늘이 주는 재앙은 피할 수 있지만, 자신이 지은 재앙은 피해 갈 수가 없다"라 한 것은 이것을 두고 한 말이다. 「이루상8」

不仁者는 可與言哉아 安其危而利其菑하여 樂其所以亡者하나니 不仁而可與言이면 則何亡國敗家之有리오

有孺子歌曰 滄浪之水淸兮어든 可以濯我纓이요 滄浪之水濁兮어든 可以濯我足이라 하거늘 孔子曰 小子아 聽之하라 淸斯濯纓이요 濁斯濯足矣리니 自取之也라 하시니라

夫人必自侮然後에 人侮之하며 家必自毁而後에 人毁之하며 國必自伐而後에 人伐之하나니라 太甲曰 天作孽은 猶可違어니와 自作孽은 不可活이라 하니 此之謂也니라 「離婁上8」

맹자가 살았던 시대는 여러 나라들이 각축을 벌이면서 흥망성쇠가 끊임없이 뒤바뀌고 있었다. 나라의 흥망은 백성보다는 군주에게 달린 문제로 군주가 지혜로우면 나라는 흥하는 것이고, 군주가 어리석으면 나라는 망하게 되어 있다.

맹자는 평생 그렇게 지혜 있는 군주를 만나지 못한 것 같다. 맹자의 눈에 비친 군주들은 대체로 어리석기가 안타까울 지경이었다.

군주들은 우선 어질지 못하여 백성들의 재난을 보고도 이를 제때에 도우려 하지 않는다. 옆에서 사람들이 간언諫言을 해도 들으려 하지 않고 오히려 그들을 멀리한다. 이것이 곧 망국의 시작이지만 정작 군주는 그것을 모르고 있다가 결국 다른 나라의 침략을 받게 되는 것이다. 즉 군주 스스로가 백성을 착취하고 괴롭혀 국력을 약화시킴으로 다른 나라의 침략을 자초하는 것이다.

월나라의 구천왕句踐王은 오나라의 부차왕夫差王에게 미인계로 서시西施를 보냈다. 오나라에는 오자서伍子胥라는 충신이 있었는데 그는 왕에게 서시를 받아들이지 말라는 충언을 했다. 그러나 서시에게 이미 반한 부차왕은 자꾸 귀찮게 하는 오자서를 죽이고 말았다. 오나라의 기둥이었던 오자서가 죽고 왕은 서시에게 빠져 있는 오나라는 아주 쉬운 상대였다. 오나라는 멸망했고 부차왕은 적군에게 죽었다.

오나라가 적의 침략을 받기도 전에 군주와 신하 간에 소통이 되지 않으면서 왕은 충신을 죽였다. 이것이 곧 적의 침략을 부른 것이다. 군신君臣 간에 신뢰가 무너지고 나라에 분란이 생기면 외침을 부르는 요인이 되는 것이다. 가정에서도 불화가 생기면 곧 사람들이 분란의 틈을 비집고 그 가정을 넘보게 된다. 가령 형제 간에 재산 다툼을 벌이고 있는 집안은 동기간同氣間이라는 의미는 이미 붕괴된 것이다. 이러한 형제들은 개인의 품위를 스스로가 손상시켰기 때문에 사람들의 경시를 받을 수밖에 없다. 스스로가 어질지 못한 행동을 하는 것은 바로 자신을 해치는 요인이 되는 것이다.

자신을 해치는 자와는 더불어 말을 할 수 없으며, 자신을 포기하는 자와는 더불어 일을 함께 할 수 없다. 예의禮義를 비방하는 것이 자신을 해치는 것이며, 나는 인仁에 거하거나 의義를 따를 수 없다고 하는 것이 자신을 포기하는 것이라. 「이루상10」

孟子曰 自暴者는 不可與有言也요 自棄者는 不可與有爲也니 言非禮義를 謂之自暴也요 吾身不能居仁由義를 謂之自棄也니라

「離婁上10」

자신의 가치는 스스로가 만든다. 오랜 역사를 통해 사회의 질서와 조화를 위해 정립된 규범은 우리 사회에 필요하고도 아름다운 것이다. 이러한 것을 받아들이는 것이 귀찮고 힘들다 여겨져 오히려 이를 비방하고 이를 따르는 사람까지 매도한다. 이것이 곧 자신을 해치는 행위가 되는 것이다. 본래 자신이 타고난 인의를 거부하고 이를 내팽개치려고 하는 것은 자신을 포기하는 것이다. 이것이 곧 '자포자기自暴自棄'이다. 자포자기를 하는 사람은 아무도 구해줄 수가 없다.

29. 자기가 취하고서 술 탓을 한다

하·은·주夏·殷·周 세 왕조가 천하를 얻은 것은 인仁 때문이었고, 천하를 잃은 것은 불인不仁했기 때문이었다. 나라가 쇠퇴하거나 흥성하는 것, 또는 존립하고 멸망하는 것도 이와 같은 이치이다. 천자天子가 불인하면 천하를 보전할 수 없고, 제후가 불인하면 사직社稷을 보전할 수 없으며, 경대부가 불인하면 종묘를 보전할 수 없고, 선비나 일반인이 불인하면 자신의 몸을 보전할 수 없다. 지금 사람들은 죽는 것을 싫어하면서도 불인을 좋아하니, 이는 마치 취하는 것을 싫어하면서도 애써 과음을 하는 것과도 같다. 「이루상3」

三代之得天下也는 以仁이요 其失天下也는 以不仁이니라

國之所以廢興存亡者 亦然하니라 天子 不仁이면 不保四海하고 諸侯 不仁이면 不保社稷하고 卿大夫 不仁이면 不保宗廟하고 士庶人이 不仁이면 不保四體니라 今에 惡死亡而樂不仁하나니 是猶惡醉而强酒니라 「離婁上3」

만약 내가 다른 사람을 사랑했는데도 친해지지 않는다면 나의 인仁을 반성해라. 내가 다른 사람을 다스려도 다스려지지 않는다면 나의 지혜를 반성하라. 내가 다른 사람에게 예禮로 대했지만 답례가 없다면 나의 존경심을 반성해라. 내가 한 일의 결과가 내 생각보다 못했다면 언제나 스스로에게서 원인을 찾아라. 스스로의 몸이 바르면 천하의 인심이 자신에게 돌아올 것이다. 『시경詩經』에서도 말했다. "언제나 천명을 따른다면 더 많은 복을 받게 될 것이라." 「이루상4」

愛人不親이어든 反其仁하고 治人不治어든 反其智하고 禮人不

쫌이어든 反其敬이니라 行有不得者어든 皆反求諸己니 其身正
而天下歸之니라 詩云 永言配命이 自求多福이라 하니라 「離妻上4」

하·은·주夏·殷·周 세 왕조는 인정仁政으로 세워졌지만 결국
불인不仁의 정치로 멸망하였다. 나라는 이렇듯 인과 불인 사
이에서 흥망성쇠의 기복을 보인다. 이것은 개인도 마찬가지
이다. 인仁의 자세로 살아간다면 인생이 흥성할 것이고, 불
인不仁의 자세로 살아간다면 인생이 쇠망할 것이다.

　이를 음주와 비교하였다. 사람들은 술을 마시다보면 본의
아니게 취하는 경우가 많은데, 취하면 본의 아닌 행동을 하
고서는 이튿날 후회를 한다. 그러나 그 다음에도 또 똑같은
과정을 되풀이한다. 한두 번 후회할 짓을 했으면 다시 하지
않는 것이 당연하겠지만, 보통은 몸에 병이 나서 술을 마실
수 없을 때까지 마시고 후회하고를 되풀이하다가 명을 재
촉한다. 죽고 나면 사람들은 그가 술 때문에 죽었다고 한다.
음식을 과식하다 병을 얻어 죽으면 음식 때문에 죽었다고
할 것이다.

　술이나 음식은 내 자신이 선택하고 먹는다. 전적으로 나

의 의지에 달린 것이지 술이나 음식의 문제는 아니다. 불인不仁의 인생으로 힘들게 사는 것도 내 선택의 문제일 뿐이다.

경찰청장을 지낸 사람이 감옥에 가는 것은 법을 몰랐기 때문이 아니다. 마시다 보니 과음을 하듯이 본의 아니게 법을 어긴 것이다. 다만 과음을 하면 자신의 과음을 인정하는데 범법자는 대체로 자신의 불법행위를 인정하려 하지 않는다.

술은 자기가 마셔놓고 병이 나면 애꿎은 술 탓을 하듯이 우리는 많은 일에서 남의 탓을 한다. 자신의 노력에 대한 반성을 하기보다는 사회가 자신을 알아주지 않는 것에 대한 불만이 더 높다. 옛날에는 겸손을 미덕으로 여겼는데 언제부터인지 자신을 내세우는 것을 중시하게 되었다. 그러다보니 잘한 것만 내세우고 자신의 부족한 부분은 아예 알지도 못한다. 자신의 공功에 대해서 생색내기는 바쁘지만 자신이 할 일을 충분히 했는지에 대한 진지한 반성은 거추장스럽게 생각한다.

다른 사람을 사랑하고 잘해 주는 것은 생각보다 훨씬 어려운 일이다. 실천이 따르지 않는 사랑은 단지 생색용일 뿐이다. 사랑한다는 말은 사실 군더더기이다. 그 사람을 위해서 말없이 해줄 수 있는 일을 찾아 한다면 굳이 말을 할 필요가 없다.

겉으로는 매우 정중하게 대하는 듯하지만 실제로 존경하는 마음이 따라주지 않으면 상대방에게 정중한 태도가 오히려 가식으로 느껴진다. 부부 사이에도 진실한 존중이나 신뢰를 바탕으로 하지 않는 사랑은 치기어린 장난에 불과할 뿐이다. 부부 사이의 애정은 자연의 이치와 인류의 기초 위에서 바르게 정립될 수 있다. 청소년 때의 유희적 사랑 놀음에 의지해 밀고 나가기에는 너무 숭고한 세계가 그 안에 있다.

오랜 기간에 걸쳐 치매 할머니를 간병하던 할아버지가 결국 얼떨결에 할머니를 살해하는 일이 일어났다. 환자인 할머니는 의식이 없이 아무 말이나 뱉어낼 수 있다. 그러나 정신이 멀쩡한 사람이 아무리 이를 새겨듣지 않으려 해도 결국 한계에 이를 수도 있는 것이다. 말의 뜻을 의식하게 되면 참을 수 없는 모욕감에 충동적인 행동을 할 수도 있다. 안타까운 일이지만 이미 벌어진 일이니 뒤집을 수도 없다.

그러나 병에 걸린 환자만 이러는 것은 아니다. 우리는 멀쩡한 정신으로도 남에게 상처주고 절망을 하게 만드는 언행을 예사롭게 한다. 그리고 상대방이 이에 대해 저항을 하면 스스로의 언행을 반성하기는커녕 오히려 반사적으로 전투 채비를 한다.

다른 사람에게 정말 잘 한다면 그 사람도 나에게 잘할 것이라는 것은 확실하다. 누구나 사람들에게 잘할 마음이 없는 것은 아니다. 다만 많은 경우 잘하는 방법을 모른다. 그리고 진지하게 노력을 하지 않는다. 다른 사람이 내 기대에 미치지 못한다면 그 원인은 반드시 나에게 있다는 것을 상기시키고자 한 내용이다.

30. 공자의 집대성集大成(1)

백이伯夷는 지저분한 것이라면 아예 보지를 않았으며, 지저분한 소리라면 듣지도 않았다. 이상적인 군주가 아니라면 섬기지 않았고, 이상적인 백성이 아니라면 다스리려 하지 않았다. 세상이 잘 다스려지면 나와 벼슬을 하고, 세상이 어지럽게 되면 물러나 은거하였다. 정치가 횡포한 나라나 백성이 횡포를 부리는 곳에는 머물지를 못했다. 시골사람들과 함께 거처하는 것을 마치 관을 쓰고 관복을 입은 채 시커먼 진흙탕에 앉아 있는 것처럼 생각했다. 폭군 주왕紂王 때에는 북해北海의 해변에서 살면서 세상이 맑아지기를 기다렸다. 그래서 백이의 이러한 풍도風度를 들으면 지각知覺이 없는 사람도 분별력이 생기고, 나약한 사람도 뜻을 세우게 되었다. 「만장하1」

伯夷는 目不視惡色하며 耳不聽惡聲하고 非其君不事하며 非其民不使하여 治則進하고 亂則退하니 橫政之所出과 橫民之所止에 不忍居也하며 思與鄕人處하되 如以朝衣朝冠으로 坐於塗炭也러니 當紂之時하여 居北海之濱하고 以待天下之淸也하니 故로 聞伯夷之風者는 頑夫廉하며 懦夫有立志하나라 「萬章下1」

이윤伊尹은 말했다. "섬기지 못할 군주가 어디 있으며, 다스리지 못할 백성이 어디 있는가?" 이윤은 세상이 잘 다스려져도 벼슬을 하고 세상이 혼란해도 벼슬을 했다. 또 말했다. "하늘이 이러한 백성을 보냈으니 먼저 알게 된 사람이 다른 사람을 알게 하고, 먼저 깨달은 사람이 다른 사람을 깨닫게 하는 것이다. 나는 백성 중에서 먼저 깨달은 사람이라, 나는 이러한 도리로써 백성들을 깨닫게 하는 것이다." 이윤은 또 천하의 백성 중에서 하찮은 일개 지아비나 지어미라 하더라도 요순堯舜의 은택을 받지 못한 사람이 있다면 자신이 마치 그들을 골짜기로 밀어 넣은 것처럼 생각을 했다. 이것은 스스로가 천하의 막중한 책임을 자임自任한 것이다. 「만장하」

伊尹曰 何事非君이며 何使非民이리오 하고 治亦進하며 亂亦進하니 曰 天之生斯民也는 使先知로 覺後知하며 使先覺으로 覺後覺하시니 予는 天民之先覺者也로니 予將以此道로 覺此民也라 하며 思天下之民이 匹夫匹婦有不與被堯舜之澤者어든 若己推퇴而內之溝中하니 其自任以天下之重也니라 「萬章下」

유하혜는 나쁜 군주를 섬기는 것을 부끄럽게 여기지 않았으며, 작은 벼슬도 사양하지 않았다. 나아가 벼슬을 하면 자신의 덕과 재능을 숨기지 않았으며, 반드시 자신의 신념에 따라 직무를 수행하였다. 군주로부터 버림을 받아도 원망하지 않았으며, 곤궁에 처해도 걱정하지 않았다. 시골사람들과 함께 해도 즐거워 차마 떠나지를 못했다. "너는 너이고, 나는 나이니, 설령 네가 옷을 홀딱 벗고 알몸으로 나한테 온다 해도 어찌 나를 더럽힐 수가 있겠는가?" 그래서 유하혜의 풍도를 들은 사람들은 속이 좁은 사람은 관대해지고, 야박했던 사람들은 인심이 후해졌다. 「만장하」

柳下惠는 不羞汙君하며 不辭小官하며 進不隱賢하여 必以其道하며 遺佚而不怨하며 阨窮而不憫하며 與鄉人處하되 由由然不忍去也하여 爾爲爾요 我爲我니 雖袒裼裸裎於我側인들 爾焉能浼我哉리오 하니 故로 聞柳下惠之風者는 鄙夫寬하며 薄夫敦하니라 「萬章下1」

맹자는 공자를 선현先賢들을 집대성한 성인으로 보았다. 그중에서 세 선현들을 예로 들었는데 바로 백이伯夷와 이윤伊尹 그리고 유하혜柳下惠였다.

백이는 상나라 말기末期 고죽군孤竹君의 장자長子였는데 그의 동생 숙제叔齊와 서로 왕위를 사양하다가 주왕紂王의 폭정暴政이 싫어 주나라로 귀순하였다. 그러나 주나라가 자신들의 만류(이들 형제들은 인仁을 내세우며 무력으로 상商을 정벌하는 것을 반대했다)에도 불구하고 상나라를 정벌하자 수양산으로 들어

갔다. 아울러 지조를 지키기 위해 주나라의 곡식을 먹지 않고 나물만 뜯어 먹다가 굶어 죽었다. 이를 소재로 한 성삼문 成三問, 1418-1456 선생의 시조가 있다.

수양산 바라보며 이제夷齊랄 한하노라
주려 죽을진들 채미採薇도 하난 것가
아무리 푸새엿거신들 긔뉘따히 낫더니

선생의 눈에는 반역으로 왕위를 차지한 세조世祖와, 천자 (주왕紂王이 당시 천자국天子國인 상나라의 제왕이었음을 말함)를 죽이고 천자국을 멸망시킨 무왕武王은 어찌 보면 같은 반역자로 보였을 수도 있다. 백이·숙제 형제가 수양산에 들어가 나물로 연명했다 하지만 그 나물마저도 주나라의 것이 아니던가? 이왕 절개를 지키려면 그냥 죽고 말아야지 왜 나물을 캐먹었다는 말이 나오게 했는가? 세조를 바라보며 충신의 길을 찾아야 했던 선생의 고뇌가 드러나 있다.

이윤伊尹, B.C. 1630?-B.C. 1550은 상나라 초기의 대신이었다. 그는 본시 비천한 신분이었으나 음식 요리로 군주의 관심을 받아 마침내는 탕왕湯王을 도와 하나라를 멸망시키고, 상商을 건국하는 데 가장 큰 기여를 했다. 아울러 삼대三代에 걸쳐 재상을 지내면서 상 왕조 600여 년의 기틀을 잡았다. 특히 이윤은 탕왕의 장손長孫인 태갑太甲이 탕왕의 뜻을 잘 따르지 못하자 그에게 특별한 교육환경을 만들어 자신의 방식으로 제왕교육을 시켰다. 3년이 지나 태갑이 자신의 과오를 뉘우치며 이윤의 가르침을 잘 따르게 되자 그에게 왕위를 계승시켰다. 태갑은 탕왕의 유업을 계승하면서 덕치에 힘써 후대에 '대종大宗'으로 존경받았다.

『맹자』에서 어느 군주나 모두 섬길 수 있다고 한 것은 바로 이러한 의미에서이다. 즉 군주의 역량이 부족하면 이를 가르쳐서라도 훌륭한 군주로 만들어 섬긴 것이다.

유하혜柳下惠, B.C. 720-B.C. 621는 노나라 사람으로 노나라에서 세 번 벼슬을 하고 세 번 파직을 당했다. 그러나 그의 덕망과 학문은 널리 알려졌고, 여러 나라에서 그를 초빙하려 하였으나 그는 모두 사양했다. 주위 사람들이 이유를 물으니 이렇게 답했다. "내가 여기서 파직을 당한 것은 사람의 도리를 따랐기 때문인데, 내가 소신을 계속 견지한다면 어디에

가도 마찬가지로 파직을 당하게 됩니다. 이러한 신념을 버린다면 여기에서도 부귀할 수 있는데 내 나라와 고향을 떠날 이유가 어디 있겠습니까?" 그는 이렇게 벼슬에 매이지 않았지만 언제나 자신의 소신을 버리지 않았다.

유하혜는 '화성和聖'이라 일컬어진다. 그와 관련된 고사 성어로 '좌회불란坐懷不亂(품에 안고서도 어긋나지 않았다)'이 있다. 어느 날 늦은 밤 성문 밖에서 잘 곳을 구하며 추위에 떨고 있는 여인을 보았다. 성문은 이미 닫히고 어쩔 수 없는 상황에서 그는 여인을 옷으로 감싸고 껴안은 채로 밤을 샜다. 이렇듯 사람을 가리지 않고 돌보았으며, 자신의 마음이 바르면 된다는 확고한 신념으로 다른 사람의 이목을 개의치 않았다.

31. 공자의 집대성(2)

공자께서 제나라를 떠나실 때는 쌀을 씻다가 떠나셨는데, 노나라를 떠나실 때는 말씀하시기를, "천천히 가자. 모국母國을 떠나는 길이라." 서두를 때는 서두르고, 그렇지 않을 때는 오래 머물며, 한거할 때는 한거하고, 벼슬을 할 때는 벼슬을 하시는 분이 공자님이시라.

맹자께서 말씀하셨다. "백이는 맑은 성인이시고, 이윤은 책임을 떠맡으신 성인이며, 유하혜는 세상과 어울린 성인이신데, 공자는 때에 맞추는 성인이셨다. 공자를 일러 집대성이라 하는데, 집대성이란 금성金聲(음악을 시작하면서 가닥을 잡는 편종編鐘 소리를 말함)과 옥진玉振(음악을 마치면서 소리의 여러 가닥을 수렴하여 종결하는 편경編磬 소리를 말함)이 함께 갖추어졌음을 말한다. 금성이란 가닥을 잡는 소리이며, 옥진이란 가닥을 종결하는 것이니 가닥을 잡는다는 것은 지혜에 관한 일이며, 가닥을 종결하는 것은 성인에 관한 일이다.

지혜는 비유하자면 기교와 같은 것이요, 성덕聖德은 비유하자면 기력氣力과 같은 것이니, 백보 밖에서 활을 쏘아 과녁까지 도달하는 것은 기력이며, 과녁에 명중하는 것은 기력만으로 되지 않는 것이다." 「만장하」

孔子之去齊에 接淅而行하시고 去魯에 曰 遲遲라 吾行也여 하시니 去父母國之道也라 可以速則速하며 可以久則久하며 可以處則處하며 可以仕則仕는 孔子也시니라

孟子曰 伯夷는 聖之淸者也요 伊尹은 聖之任者也요 柳下惠는 聖

之和者也요 孔子는 聖之時者也시니라 孔子之謂集大成이시니

集大成也者는 金聲而玉振之也라 金聲也者는 始條理也요 玉振

之也者는 終條理也니 始條理者는 智之事也요 終條理者는 聖之

事也니라

智를 譬則巧也요 聖을 譬則力也니 由射於百步之外也하니 其至

는 爾力也어니와 其中은 非爾力也니라 「萬章下1」

공자는 빠르거나 느리거나 상황에 따라 다를 뿐이지 경직
된 태도를 보이지 않았다. 맹자는 이러한 공자의 자연스러
운 경지를 '집대성集大成'이라 표현했다.

즉 백이와 이윤 그리고 유하혜는 각기 서로 다른 덕으로
후세에 이름을 남겼다. 이윤은 맑고 맑은 순결이 돋보였다.
우리는 역사를 통해 이러한 지조와 절개의 인물들을 많이
본다. 그러나 때로는 안타까운 일이기도 하다. 백이·숙제
형제가 굶어 죽은 것은 과연 바람직한 일이었는가? 대답이
어렵다.

이윤은 천하를 바로잡는 것을 자신의 책임으로 여겼다.
시골의 농부나 아녀자 모두에게 요순堯舜의 덕정德政이 펼쳐

져야 한다고 생각했다. 유하혜는 조화를 중시하고 실천했다. 그러나 맹자는 이들의 성취를 어느 정도 의식적이거나 작위적인 것으로 보았고, 이를 공자의 자연스러운 경지와는 구분을 했다. 그래서 세 성인의 성취를 '소성小成'으로 간주하고 공자는 이들의 성취를 '집대성集大成'한 '대성大成'으로 구별을 하였다.

맹자는 이를 당시의 음악으로 비유하였다. 즉 편종과 같은 금성金聲이 울리면 각 악기가 소리의 가닥을 잡으며 합주가 시작된다. 각각의 악기는 그 하나만으로도 음악이 되니 이를 소성이라 했고, 이들이 모여 합주를 이루고 마지막으로 옥경玉磬으로 모든 소리를 수렴하니 이를 대성이라 하였다. 그래서 공자는 소성을 집대성한 '대성'이라 한 것이다.

공자의 제사를 올리는 사당祠堂을 '대성전大成殿'이라 하는데, 이는 '문선왕전文宣王殿'으로 불리던 것을 송나라의 휘종徽宗이 『맹자』의 '집대성集大成'을 따라 개칭한 것이다. 그 후 세계의 모든 공자 사당의 본전本殿을 대성전이라 하게 되었다. 우리나라 성균관成均館에서도 마찬가지로 대성전에서 공자의 제사를 올리는 석전의례釋奠儀禮를 봉행했다. 아울러 3, 4년에

● 곡부 공묘의 대성전

한 번씩은 임금의 친제親祭도 있었다.

공자 사당은 공자 사후死後 이듬해B.C. 478에 곡부의 공자 고택故宅을 노나라 애공哀公이 사당으로 지정하면서 시작되었는데, 한나라의 고조高祖(유방劉邦)가 제왕의 신분으로 직접 제사를 올리면서 후대의 제왕들이 곡부에 가서 제사를 올리는 전통이 세워졌다. 그 후로 청나라까지 제왕들의 곡부 제사는 계속 존속되었다. 특히 강희康熙, 옹정雍正, 건륭乾隆 황제는 모두 여러 차례에 걸쳐 친제를 올리고 아울러 사당의 보수와 확충에 많은 관심을 기울였다.

공자의 집대성은 다른 성현들과의 차별을 전제로 한 것이다. 「공손추상公孫丑上」에서 맹자는 공자의 제자들 말을 인용하여 이러한 차별성을 강조했다.

기린도 짐승에 속하고, 봉황도 새에 속하며, 태산도 언덕으로 이루어지고, 황하나 바다도 길가의 시내가 흘러 모인 것이니 사실은 모두가 같은 부류다. 성인도 사람에 속하는 면에서는 역시 같다. 그러나 공자께서는 그러한 부류에서 특출하시고 성인 중에서도 뛰어나시니 사람이 생긴 이래로 공자 같은 성덕을 지닌 사람은 없었다. 「공손추상2」

麒麟之於走獸와 鳳凰之於飛鳥와 泰山之於丘垤와 河海之於行潦에 類也며 聖人之於民에 亦類也시니 出於其類하며 拔乎其萃나 自生民以來로 未有盛於孔子也시니라 「公孫丑上2」

신령스러운 기린이나 봉황도 금수와 같은 부류에 속하며, 아무리 성현이라 해도 결국은 사람의 부류이다. 그러나 공자는 이미 사람의 부류와 다르고 성현들로부터도 차별화된 집대성의 성인인 것이다.

  맹자의 가슴속에 공자와 같은 성인은 오직 공자가 유일하다. 맹자의 가르침은 오직 공자의 가르침을 이어받아 후손에 전하는 것이었다. 그런 점에서 맹자는 공자의 적통 제자이며, 맹자가 공자 다음의 아성으로 추앙받는 이유도 여기에 있다고 하겠다.

자서 自序

살다보면 알게 돼 일러주지 않아도 너나 나나 모두가 어리석

다는 것을

살다보면 알게 돼 알면 웃음이 나지 우리 모두 얼마나 바보처

럼 사는지

잠시 왔다 가는 인생 잠시 머물다 갈 세상 백년도 힘든 것을

천년을 살 것처럼

살다보면 알게 돼 버린다는 의미를

내가 가진 것들이 모두 부질없다는 것을

나훈아의 이 노래는 언제 들어도 감동적이다. 우리는 평

생 다 쓰지도 못할 재물을 모으고, 물거품 같은 명예 때문에 인생의 대부분을 소진한다.

서너 살에서부터 대학까지 거의 20년의 시간을 학교를 다니면서 학업성적표와 바꾼다. 그리고 다시 그만큼의 시간을 물질이나 명예 등과 교환한다. 그러는 사이에 나는 더 이상 바꿀 것 없는 노년老年이 되고 현장에서 밀려난다.

드물지만 어떤 사람들은 '무소유無所有'로도 천하의 주인공처럼 살다 간다. 나는 남 따라 살다가 이제는 이 세상에 내가 왔다 간 흔적을 어디에서 찾아야 할지 막막하기만 하다.

사람의 화복禍福은 모두 스스로가 자초하지 않는 것이 없다 했다(禍福無不自己求之者)「맹자·공손추상孟子·公孫丑上」. 우리가 살고 있는 시공時空의 여건은 대부분의 사람들에게 비슷하다. 그러나 어떤 사람은 행복하고 어떤 사람은 그렇지 못하다.

환갑, 진갑 지나고 나니 인생이 조금 보이는 듯하다. 우리에게 필요한 것은 하루 한 줌의 식량과 가족이다. 뒤집어 말하면 가족이 있고 이 정도의 식량이 있으면 족하다는 뜻이다.

다른 생물들은 모두 이렇게 산다. 다만 만물의 영장靈長이라는 사람들만 한평생 요란하게 산다.

나이 들어 배가 나오기 시작하면 먹는 것을 줄이든지 운동을 더 많이 하면 된다는 것을 모르지 않는다. 지극히 간단한 이치를 두고 오늘도 망설인다.

정작 우리에게 필요한 것은 우리 인생을 바쳐 맞바꾸어 온 재물이나 지위가 아니고, 나를 이 세상의 주인공으로 살아가게 할 수 있는 지혜이다. 여기에는 나를 조금도 내어 줄 필요가 없다. 내가 지혜의 주인이기 때문이다.

재물의 주인이 되려면 그만한 덕이 있어야 한다. 경주 최부자 집에 "100리 안에 굶는 사람이 없도록 하라"는 가훈이 있다 한다. 재물이 덕과 비례하지 않으면 사람이 거꾸로 재물의 노예가 된다. 부자, 형제 간에 법정에서 재산싸움을 벌이는 사람들을 재물의 주인이라 볼 수 있겠는가?

관직을 맡으려면 그만한 능력이 있어야 한다. 그렇지 않으면 자신이 관직의 주인이 되지 못하고 관직에 끌려 다니는 노예가 될 뿐이다.

이 모두가 피곤한 인생이다. 별 덕이 없고 별 능력이 없으면 소박하게 살면 그뿐이다.

사실 간단한 진리이다. 꼭 옛날 책을 뒤적여야 되는 것도 아니다. 그러나 우리는 허황된 문명에 너무 깊게 빠져 있어 선현先賢들의 말씀을 늘 가까이해야 할 필요가 절실하다. 별 스런 지위나 재물이 있었던 것도 아닌 공자나 맹자가 2000년 이 훨씬 지난 지금까지 성인으로 추앙을 받는 이유 속에 우리에게 필요한 것이 들어 있다. 바쁜 일과를 잠시 접고 그 역사의 자취를 따라 가보는 것은 곧 나를 찾아가는 길이 될 수도 있을 것이다.

색인

[ㄱ]

간색間色 89
강희康熙 207
건륭乾隆 207
고공단부 137
고구려 63
「고자상7」 104
「고자상10」 180, 181
「고자상11」 115
「고자상20」 158
「고자하15」 93
고조高祖 207
고죽군孤竹君 200
곡부 207
「공손상2」 78
「공손추상公孫丑上」 208
「공손추상1」 98
「공손추상2」 208
「공손추상6」 146

「공손추상7」 151
「공손추하1」 142
공우인孔佑仁 173
관·혼·상·제冠·婚·喪·祭 138
교격 94
구천왕句踐王 161, 190
국자감國子監 118
군자 삼락三樂 113
권도權道 171
규구規矩 156
규방閨房 33
금성金聲 204
기산岐山 137

[ㄴ]

낙읍雒邑 42
낙정자樂正子 83
납길納吉 166
납징納徵 166

납채納采 166
내방內房 33
『논어』 70
농경사회 61

【ㄷ】

다이애나Diana 135
대성전大成殿 206
「대학大學」 48
동시효빈東施效嚬 163
동주東周 42
「등문공상3」 116
「등문공하3」 165
「등문하2」 71, 72

【ㄹ】

랩뮤직Rap Music 89
로또 67

【ㅁ】

「만장상萬章上」 170
「만장하萬章下」 175
「만장하1」 198, 199, 204
「만장하5」 185
「만장하8」 122
맹가孟軻 25

맹모단기孟母斷機 24, 28, 30
맹모삼천孟母三遷 24, 30
『맹자·이루상14』 44
『맹자장구孟子章句』 46
맹자제사孟子題辭 46
『맹자·진심하38』 45
『맹자집주孟子集注』 46
맹자휴처孟子休妻 24, 31
명륜당明倫堂 119
명인륜明人倫 119
모교일인母教一人 24
「모의편母儀篇」 24
목공穆公 94
무제武帝 162
문명問名 166
문선왕전文宣王殿 206
문왕文王 94, 137

【ㅂ】

바누아투Vanuatu 106
박정희 69
발묘조장拔苗助長 82
『백가성百家姓』 29
백규白圭 99
백이伯夷 197, 200
부덕婦德 37

부열 94

부차왕夫差王 190

[ㅅ]

사광師曠 103

『사기史記』 55

『사기·화식열전史記·貨殖列傳』 99

사꾸라 90

사농공상士農工商 153

사마천司馬遷 55

『사서집주四書集注』 46

사양지심辭讓之心 149

사직社稷 192

사초史草 178

사칙연산四則演算 120

『삼국사기三國史記』 118

『삼자경三字經』 29

삼종지도三從之道 24, 34, 37

상도常道 171

『상서·태갑尚書·太甲』 189

상·서·학·교庠·序·學·校 116

서시西施 161, 163, 190

성균관成均館 118, 206

성삼문成三問 201

세조世祖 201

소광疏廣 70

소수림왕小獸林王 63

손숙오 94

수오지심羞惡之心 148

숙제叔齊 200

순우곤淳于髡 122

『시경詩經』 35, 89, 136, 193

시비지심是非之心 149

신사임당申師任堂 21

십삼경十三經 48, 62

싸이 89

[ㅇ]

애공哀公 42, 207

앤Ann Boleyn 135

「양혜왕상1」 54

「양혜왕상3」 60

「양혜하5」 132, 137

엘리자베스Elizabeth 136

『역경易經』 35

역아易牙 103

『열녀전列女傳』 24

영인佞人 88

『예기禮記』 48

예종睿宗 130

오감五感 107

오자서伍子胥 190

옥진玉振 204

옹정雍正 207

와신상담臥薪嘗膽 161

왕도王道 59

왜정시대 64

요순堯舜 90

용자龍子 103

웅장 179

윌리엄William 135

유방劉邦 80

유하혜柳下惠 200

유향劉向 24, 42

육례六禮 166

율곡栗谷 22

은공隱公 42

「이루상3」 193

「이루상4」 193

「이루상8」 189

「이루상10」 72, 191

「이루상26」 170

「이루하25」 161

「이루하33」 66

이명박 57

이 부인李夫人 162

이윤伊尹 198, 200, 201

이자겸李資謙 130

이자현李資玄 130

인성교육 63

인의예지仁義禮智 50

임종臨終 62

[ㅈ]

자도子都 103

자사子思 29, 44, 175

『장자莊子』 163

전국시기戰國時期 42

전국시대戰國時代 55, 56, 99

『전국책戰國策』 42

전국칠웅戰國七雄 43

전인교육全人敎育 62, 64

전통학문 64

「정풍鄭風」 89

조강지처糟糠之妻 96

조기趙岐 46

『조선왕조실록』 132

주왕紂王 94, 198, 200

주희朱熹 46

「중용中庸」 48

지성至聖 45

「진심상3」 49

「진심상4」 50

「진심상20」 111

「진심상33」 73
「진심상37」 174
「진심하5」 155
「진심하25」 83
「진심하35」 127
「진심하37」 87, 90

【ㅊ】

『천가시千家詩』 29
천문 61
『천자문千字文』 29
청기請期 166
추국공鄒國公 45
추국아성공鄒國亞聖公 45
『춘추春秋』 42
춘추시기春秋時期 42
춘추오패春秋五覇 43
측은지심惻隱之心 148
친영親迎 166

【ㅌ】

탕왕湯王 202
태갑太甲 202
태교 22
태임太任 21
태학太學 63, 118

【ㅍ】

포숙鮑叔 94
필서징畢庶澄 24

【ㅎ】

한양漢陽 79
항우項羽 80
해하垓下 80
해하가垓下歌 80
행복지수 106
향교鄕校 119
향원鄕原 87, 90, 91
헨리Henry 135
혜왕惠王 55
호생불해浩生不害 82, 83
호연지기浩然之氣 76, 79, 81
환공桓公 94
환과고독鰥寡孤獨 133, 135
『효경孝經』 70
휘종徽宗 206

孔子